明·朱珪 編

名迹録

中國書店

詳校官主事臣石鴻翥

臣紀昀覆勘

欽定四庫全書　　史部十四

名蹟録　　目録類金石之屬

提要

臣等謹案名蹟録六卷明朱珪編珪字伯盛崑山人舊本或題曰元人觀其首列洪武二年崑山城隍神誥升於元代璽書之上即徐堅作初學記以唐太宗詩冠前代諸詩之例其為明人確矣舊本所稱元人者誤也珪善

篆籀工於刻印楊維楨曾為作方寸鐵志鄭元祐李孝光張翥陸友仁謝應芳倪瓚張雨顧阿瑛諸人亦多作詩歌贈之又工於摹勒石刻因裒其生平所鐫編為此集題曰名蹟者取穆天子傳為名蹟於弇茲石上義也漢代諸碑多不著撰人書人刻工尤不顯名氏自魏受禪碑邯鄲淳撰文梁鵠書鍾繇刻字是為士大夫自鐫之始歐陽修趙明誠等輯

録金石僅標題跋尾而已自洪适隷續備列碑文是為全録刻詞之始若自鐫其字而自輯其文為一書則古無此例自珪是編始也

張晏注史記儒林傳據伏生碑知其名勝晉灼注漢書地理志據山上碑知黎陽縣在黎山之陰其名陽者兼取河水在其陽之義司馬貞注史記高祖本紀據班固泗上亭長碑知母媪當為母温方崧卿作韓文舉正亦皆

以石本為據而歐陽趙洪諸家以碑證史傳舛誤者尤不一而足是編所録皆珪手鐫固愈於年祀綿邈捜求於磨滅之餘者亦金石家所宜考證矣乾隆四十九年三月恭校上

總纂官臣紀昀臣陸錫熊臣孫士毅

總校官臣陸費墀

欽定四庫全書

名蹟録卷一

明 朱珪 編

誥命

崑山縣城隍之神誥

奉天承運皇帝制曰帝王受天明命行政教於天下必有
生聖之瑞受命之符此天示不言之妙而人見聞所及者
也神司淑慝為天降祥亦必受天之命所謂明有禮樂幽

有鬼神天理人心其致一也朕君四方雖明智弗類代天理物之道實罄於衷思應天命此神所鑒而簡在帝心者君道之大惟典神天有其舉之承事惟謹崑山縣城隍聰明正直聖不可知固有超於高城深池之表者世之崇於神者則然神受於天者蓋不可量也兹以臨御之初與天下更始凡城隍之神皆新其命睠兹縣邑靈祇所司宜封曰鑒察司民城隍顯祐伯顯則威靈丕著祐則福澤溥施此固神之德而亦天之命也司於我民鑒於邑政享

茲典祀悠久無疆者主者施行洪武二年正月日

崑山縣城隍廟在縣治西南三十步甲辰歲仍故址
復作之今上御歷之初歲次戊申冬十有二月詔有
司祀山川以城隍配且錫神爵府以公州以侯縣以
伯冕服之章咸有其度示更始也明年春三月己亥
蘇州府照磨張濬奉敕書到縣知縣臣公瑾洎僚屬
郊迎惟謹焚黃祭告以拜寵命是夏六月不雨公瑾
請於祠下與神約盡三日雨降及期而雨一縣霑足

父老咸謂神之靈響素著至是益信茲擇乃吉日用
刻制詞洪惟朝廷嘉惠於神馨香所格實自今始神
其相我民社以永垂於無窮哉臣公瑾拜手謹書奉
訓大夫蘇州府崑山縣知縣臣王公瑾承事郎蘇州
府崑山縣丞臣董仲宣承事郎蘇州府崑山縣丞臣
張顯將仕郎蘇州府崑山縣主簿臣馬克成將仕郎
蘇州府崑山縣主簿臣趙惟善蘇州府崑山縣典史
臣留利貞洪武二年八月日建

碑銘

資政大夫江浙等處行中書省右丞岳石木公

政績碑

歷代無海漕海漕自國朝始歲漕東南之粟三百餘萬石出崐山海行走直沽而達京師事重以太置漕府長佐賓屬凡若干人俾專厥職必簡拔長材通習海事者又慮其曠官弛事皇帝歲遣江浙行省重臣使紀綱焉至正四年右丞岳石木公實奉上命恪虔勿怠公方嚴

亮直不事表襮嗜好寡薄儉以愛人至官廨見供帳庖膳甚備即令去之曰吾任國家重務朝夕祗畏慮有弗稱敢以私奉重傷民財吏士視効罔有需徵漕户力莫能筭漕具及官與值則窘期日多簡陋就事公即先數月與值且令府長長循為故事祀事天妃擇日齋祓宿於廟下躬視祭品牛馬充腯百禮備好牲酒既陳正冠以入進退興俯誠敬殫盡文武上下不譁不傲神嗜飲食告以利行萬艘畢發鼓鐃喧闐棹工踊躍謳吟滿海

相風之旗端正北向百示效藏海水晏伏長鱷大鰌不見蹤跡則公愛人事神之誠感召至和不誣矣是宜刻之貞石用昭休績乃系之以詩曰王畿輸粟東南疆造舟道海行汪洋祥飈應候不可輿漕官飲食勿暇遑小大執事材盡長我公肄之孰不豐給供百物循故常公獨不使民力傷父老歌咏於道旁永永恩德矢弗忘我公齋潔祀孔明陳牲以肥酒芬香靈保歡喜神具饗賓珓告我日月良漕發之旦陰以暘海之百怪俱遁藏神

來翼我靈火光大星奕奕流中檣開張風颿如鳥翔萬
里之海三日杭民惟足食又且康禮樂可作王度彰公
歸執樞均萬方海陬千載遺歌章鄭東撰吳睿書

奉議大夫崑山州知州王公去思碑

先聖王之有天下也百官庶職悉用仁賢布列中外一
有淫慝即屏除廢置以遠人害故當是時至治之澤流
浹海內無匹夫匹婦之不獲者矣然古之為治也易今
之為治也難封建未罷上下相安故得以詧民情而通

風俗是以能相安也後世分郡縣置守令一旦以楚人而臨之越人之上民情莫能詧風俗莫能通且長與佐賢不肖共處吾將為善彼哉沮焉彼將為不善吾莫能禦焉苟非其人之才且賢而有能過人者未見能善其治者也吳之崑山其地並東南之海土沃而民衆賦重而事繁號為難治至治三年東平王公世傑實長是州公廉亮簡直惠以愛人始至亟視學宮社稷曰民無教則淫民無食則死學社教與食民之本也不可緩也乃

作講堂以居講習更新壇壝以嚴祀事初民多入貫衙
射利公諭力本闢田凡若干頃吏並緣為奸里正役常
至不均民情困獘公即更之人無怨言法以四時役民
為坊正管庫民且當次吏揺民壞次以取賂歲凡數四
民不得寧多流出境公歎曰民病有若是耶乃屬其民
富貧使自實民不忍欺因得品次若干户釐為三等次
以不易民喜而相慶曰我等可相保矣民因書其事於
大帛羣歌市過之且持酒肴詣拜公為壽公親起與民

為主飲民酒至一杯盡民同聲曰願公百歲民之流徙
而來歸者相接於道崇明為州遠在海上去崑山且數
百里其民聞之願為崐山氓者凡若干餘戶甲與乙爭
利乙手臂提甲甲以矢中乙繫獄二年公處得其情出
之漕船入海遇賊賊驅漕夫四人過船以刄刦之使與
同事後連捕繫獄公以脅從亦悉出之公以愚民詿誤
牽連至行省州父兄子弟慮公因沮抑弃之至累數百
人詣省門見丞相泣且言曰我公無罪願大人神明無

以毫髮加我公由是感動即諭遣公還未幾公以母夫人卒去去之日民涕泣遮道馬不能前嗚乎若公之才且賢可謂能過人者矣其施諸民者厚而民報之亦至是焉可以偽為哉彼或失其道而曰民之無良是亦不明之甚者也使觀於此亦可以少媿矣銘曰皇仁如天以莫不覆亦無不載如地之厚顧瞻九州九州茫茫維億維兆不遐有傷孰協於治曰維守臣敷以仁義洽於齊民民曰父母止生我躬不有良牧孰御我躬昔公來

止重食敬教凡百有作去惡從好我役孔艱集於予毒
如病頭垢卒用櫛沐民罹於辟俛俟刀斧維公淑問縱
之圜土民聞來歸如彼流泉連檣濟海於我受廛民愚
答召匪公之愬控於方伯斯悟公賢帝方思治君子是
使克燕我人惠於天子我聞公歸請公勿亟匪公則歸
作輔元室崑陽鄭東譔崑山顧信書濮陽吳睿篆

海道都漕運萬戶府達嚕噶齊托音公政績碑

天下之事久而趨於敝者勢也任其事而不知其敝非

智也知其敝而莫之能易非勇也今夫知公義而不恤小故持已斷而不惑衆見非其人甚智且勇其才有遠過人者不能與也昔我世祖皇帝既定南服將轉其土所出之米內充京師上下有司百官六軍之食道里遼阻不可河漕陸挽也時則有朱張氏能用智慮直入海水尋其漕道由崑山出大海舟西北行旬日而抵直沽其亦利甚歲漕米亡慮三百萬石當是時也漕法始立且二家殷富不有買賣鹽食輙敢謾上自二家廢迄今

四十五年漕戶率衣食於是或具其家粗富而其人畏刑
漕萬則官之萬也漕千則官之千也一或窘貧則相率
無賴買賣盜食無所不至矣朝廷以漕府吏其風采無以
服人至正十二年冬托音公實奉命來居府長公廉直
剛果慈惠愛人始至則張理綱紀修舉廢墜漕戶彫靡
者盡削其籍別召富民俾共漕事始人甚難之然人素
服公威望重令下無一人敢後至者進民聽事下從容
諭之曰今官與汝直且汝視直力漕米多寡有差他役

且一切汝復無苦也民聞公言罔敢違逆退相先治船以稱塞公命初法漕戶有不肯躬身入海者坐之公以新戶多富戶民多軟弱勿習海第無失事聽其用人自代且為常法時府庫空匱漕直錢莫知所出公慮後時害事憂見於色會都省遣使送鈔行省供億軍務公聞之馳馬至姑蘇驛從使臣留鈔使臣以軍務急重不從公曰我為轉饟顧不急且重也竟取鈔二十萬錠以給漕直漕戶利焉故事歲春夏宰臣暨漕府長祗奉皇帝

命致祀海神天妃公虔恭齋祓躬視牲酒肥充潔新一如法式比於行事進退興俯始終恪誠神相漕事濤風禁息卒以無虞漕户盜賣米而誣民取償吏從並緣為奸公察知之第令坐漕户毋縱汎濫蝨民民免者甚衆吳民饑公視官廩多羨米謂郡長吏曰今四方盜賊蓋良民也迫於饑耳吾食厚禄奈何坐視民饑且死不少顧恤也郡長吏即盡出羨米平價大縱民糴民甚德之成周國有大事則六官通職以相 助是謂官聯故有喪

荒之聯事若公之救民饑非出位也且其居漕府更法易弊其智力不能以阻其勇是不謂之有過人之才者耶公嘗為御史出監閩憲復貳浙東帥閫皆大有聲今其政績又顯著若此作為銘詩刻之樂石以示無窮不亦宜乎銘曰於皇世祖既受天命奄有南服南服孔將有江有湖誕殖嘉穀有新附臣肇啓其海用海為陸乃漕其糧上入於京其食斯足凡彼作法維鮮克終罔不有淑彼衆漕人乃敢用奸勿畏於戮皇帝曰嘻謂公汝

南作朕心腹公召我人曰來共事匪汝荼毒復汝徭役
亦勿從海予大矜汝致虔神妃沐浴齋慮遷宿祠下躬
視潔肥壺濯鼎鬯羊豕牛馬大昕公入祼薦拜起億萬
觀者神食馨香馨香惟誠匪樂巫舞神妃效靈漕發之
旦無暴風雨蛟鼉遁匿水波偃平保有檣櫓吳民羅饑
中心怛憂食勿暇遑民來貿貿俾控邦侯發陳於倉民
無散流老稚飽嬉歌於道旁其歌維何曰維報功天子
聖明亟召公歸公歸秉樞大惠郡方昆陽鄭東選濮陽

吳睿書

崑山州重修東嶽廟碑

有天下者得通祭山川之神蓋中天地而立故其氣通諸侯非其境内則不得祭非惟不敢踰犯禮制然亦非其氣之所能通也嶽之列有五岱宗在秩祀為最隆故唐虞廵狩必先至其地成周之時其山在魯境内故惟魯得祭今其祠廟遍天下則天下皆得祭之非止於魯矣昔楚昭王有疾卜曰河為祟大夫請祭諸郊昭王曰

三代命祀祭不踰望不穀雖不德河非所獲罪也仲尼稱其為知大道然則山川非其境内不能為禍顧獨能為福耶雖然予嘗攷夫後世徧祀之故曰山林川谷丘陵能出雲為雨見怪物皆曰神公羊氏傳曰觸石而起膚寸而合不崇朝而雨及天下者泰山之雲也是泰山能出雲為雨且其雨及天下是有功於天下天下祀之豈以是歟宜他嶽不得與焉崑山有祠大德初河南行省左丞朱公清所建也中殿後閣前門旁廡規制完具

公乃延道士殷君震亨主之且使之甲乙以相承繼次傳金君修德殷君元善楊君春澤迨今且六十年木之堅者日腐土之黏者日解丹雘之絢爛者日晦昧漫漶春澤乃謀於師曰祠廟之設寔為茲邦之人雨晦疾厲相近之地茲屋日就於壞不修將何以嚴祭祀乃與其師盡出所儲即與工役邦人亦多輸錢以助未幾腐者以易解者以固而晦昧漫漶者以新時至正十二年壬辰歲也初震亨又別作室於祠廟之東南曰靈寶進院

今亦春澤主馬震亨字在山崇明西沙人德業為時所推重宜其傳世皆賢也余惟能福天下者岱宗之神也能建祠廟使神福於一州者朱公也能繼其功而勿墜者殷與楊之力也是可書已又為之作為歌章使州人歌以事神其詞曰岱宗巖巖位東方大哉兗鎮魯所望其色上與天蒼蒼蒼龍七星經央央發育萬物司青陽天厲不降降休祥大雲時出冒八荒氣闓為雨闢為暘黍稌濕燥丕穰穰民不饑餓逢屢康中非靈示孰主張

兹義明白非渺茫恭惟洪功浩莫量千古萬古天同長
唐虞下暨明聖王代隆祀望彌昭彰秩踰四岳禮非常
西南北中讓莫當扶桑出日灼殿堂木蘭斲橑文杏梁
黝牲角握弱匪强黄流在卣黍稷香我卜而食時日良
飈風倐忽神來享昭明在上何洋洋冕而青紘帝衣裳
山祇川后序兩旁祝傳神指意孔臧天子萬歲壽無疆
敷錫四海名永慶昆陽鄭東撰濮陽吳睿書并篆額

重修靈慈宫碑

海之利天下其功用爲最大通舟楫濟阻遠遷貨資之重雖地之相遠秦越無乘車御馬之勞不踰旬日可坐而至矣然天下惟海爲至險況夫操不可恃之器而陵不可測之淵其遇卒然之變有非人力可得而禦者不有神之智力以相左右其能克濟哉我元運東南之米取道遼海縈繞萬里而達京圻其亦遠且艱矣唯海神天妃有功於國與民者甚大舟入大海汪洋之中上天下水四無畔涯彼以眇然之身談笑而往無少怖畏疑

慮之心以神賴也當大風疾至海水盡立雷電交下天日晝暝同舟之人對面不辨顔色窮蹙危殆叫號於神神之檣火煜如大星衆叩頭再拜舉手相賀如得更生其禦災捍患者此神之得祠亦宜矣神夙昔著靈至宋元祐間有功朝廷始立祠於其地聖堆厥後靈蹟日益顯赫凡東南並海郡縣悉皆置祠祀之處至國朝始錫祠額曰靈慈崑山周涇有靈慈宫大德間朱公清所建也因肇啓漕道出入海水屢承神休所以表著靈蹟而

為祀禱之地當漕發之期省臣及漕府長佐必躬祠下得從以行且祇奉上命具六牲以嚴祀事春夏凡四至焉皇帝歲遣使函香貴臨德意優渥曰是宜宮祠修潔完好幽以事神明以祇待王命至正十三年春今漕府長托音公始至祠下仰見殿廡榱角彫敝丹堊蕭瑟大驚曰是雖主祠失人亦有司之過也乃出公帑鈔計凡七千五百緡俾新之主祠道士楊春澤用掌算治州郡長佐及遠近富人皆相先出錢以佐役未幾舊屋皆完復

以殿之東北為殿以妥神寢殿北為樓以弭使節至是宮之規制始備矣初祠之立實道士殷震亨主之震亨卒乏人以浮屠攝焉後至元間主以道士張德一公乃訪求道士之賢且才者將俾之舉廢修墜因得春澤且以春澤實震亨之後遂使之主是宮且定為甲乙相繼無有變易而春澤之勤敏果能立事又足以彰公知人之明焉公盡心漕政彌滿周密無有罅漏及其致力於神又復懇至且圖久長及神相漕事卒底於寧雖其昭

答國家典禮之隆然亦出於敬誠感召之故神人相與
其亦可信也夫旣記公事神之蹟又作迎送神之歌使
歲時歌以祀神其詞曰海之水兮實大以長妃旦出兮
無方夕歸來兮故鄉閟靈館兮莆之陽編貝戸兮珠房
女窈窕兮在旁啾吹匏兮鼓簧飲且食兮樂康築遊宮
兮宴游敞高堂兮䟽戸雲為車兮龍為馬妃儵忽其來
下薦靡牲兮豐黍伐大鐘兮賁鼓方洋洋兮翟舞聊逍
遥兮容與載羞肴蒸又斟酒兮我妃孔樂無不有兮高

濤山立大魚吼兮風吹玄旗颭先後兮火流羣檣赤圓斗兮舟人知命妃援手兮嗟我欲留終不可久兮昆陽鄭東撰濮陽吳睿書并篆額

崑山州重修學宮碑

昆山在宋為望縣學宮在縣治西南二百九十步元祐間縣令杜採之所徙建也國朝以生齒之庶陞州徙治所東倉至正丙申海寇毀東倉州復舊治所招還流逸民重立官寺及社稷之壇宓犧神農黃帝之廟至是遂

大修孔子廟殿之址拓其舊三之一堂室門廡齋序直
舍庫庾庖湢無不畢具又為堂以祀鄉先賢鑿池論堂
以制象設先聖先師繪從祀諸賢範祭器理大成樂無
不如法實今費侯為州三年之所成也民之居者知有
教士之歸者知有養又侯之仁民禮士一出於誠之所
致也役始至正二十年夏四月竣事於冬十二月侯既
帥僚友將吏儒先生講舍菜禮先聖先師又遣職於校
者具書幣狀顛末走百里外謁予文以志予方悼世變

之劇州邑鞠為草棘者雖鄒魯地不免剽阻江要海與
危爭尺寸者哉訖能保障其所如金湯帡幪其居廬校
室如按堵之故非其人之守將雄才健政有以濟其民
者曷致是耶若侯者是已傳曰守令者民之師帥也侯
非師師之殊尤者乎抑聞侯治暇即過黌宮與為弟子
師者辨討名理扶植綱常者切切然恐不及人於戲人
之所以為人國之所以為國者綱常也叙此則治斁此
則亂世降道微邪說暴行滿天下馴致三綱淪九法斁

人類無以別禽獸然理出於天者未嘗一息而可滅予讀孟子書知先王之學校之教矣其言於戰國之君曰三代之學皆所以明人倫也時方崇功利薄仁義則又告之曰未有仁而遺其親義而後其君者推其效可使制梃以撻秦楚之堅甲利兵人心天理之足恃也如此詩曰既作泮宮淮夷攸服是其效已又曰在泮獻馘在泮獻囚又知古之文武非兩岐也侯於是用武之秋不敢斯須忘文教其不以是歟昔魯作泮宮國人有頌禱

取其義而係之以詩云侯名復初字克明東平人賢其成者同知州事海陵梅英判官濟陽丁復初教授陶植提控案牘陳善都目沈繼祖謝安道也詩曰維吳支邑嵬在北東東薄於海捍海作邦陵谷以變井邑以遷人民雞犬往而復還邑有庠序闢爲州茶治必有教復我黌宇侯也費侯樂師克師文事武事匪曰兩歧在昔受成獻囚獻馘我教既成我戰必克化民服敵孰負孰何侯曰噫嘻豈不在我我部百里我心一家衣冠儼雅遷

亘靜嘉天綱不斁國紀攸叙如子從父如弟子聽傳維
崑有石維石有銘銘以著績聿觀厥成有元至正廿一
年歲次辛丑春正月上元日建訓導陳增殷奎直學黃
關李登學吏夏邑竹先仁奉訓大夫江西等處儒學提
舉楊維楨譔將仕郎杭州路海寧州判官褚奐書并篆
額

記

崑山州重修學宫記

教民者民从治民者民訟是以學校重三代之際學校徧天下記稱國有學遂有序黨有庠家有塾其大略可睹已予嘗攷所謂校室之制則塾也即其所以督教之意遂使田廬民氓皆盡躬行孝弟忠信之行其校美矣及秦棄詩書不用學校遂廢至漢孝武時始復興學由漢以下每一改邑學輒隨而弛必久而後復我世祖皇帝初定天下即使使東祠孔子復延致鴻儒大興禮樂文教之事民尚為儒家復其繇役每詔下條序學校於

是聖道彰明教化純美天子坐致太平之功學校不廢
也崑山故大縣頃以户滿若千方陞為州後徙治益東
東倉今州是也既遷有司作新學其制務侈於舊然來
者勿察寖久寖弛至正四年春今守王侯士英來見其
蕪陋勿治曰不教民無以為治學廢教將安出夫國家
隆學校所以樹教本也乃使修學宫上者棟宇下者步
廡周垣靡不堅完又使士顧信相於論堂之北作親堂
以為子弟講業問辨之地守以時入學則居於是使論

說所受於師者以察其進否又鑿兩池挾室之旁中植蓮花曰是周子之所愛而為說以喻道者也因名堂盖清是歲學成而予適至入其境民有負老持幼望其邑而歌問之而曰前日為政者虐故去之日聞新守善養親又多善政是能養民者也吾故還耳余聞其言而歎曰斯近於仁矣能使其民親遊於其校士之居校者稱侯之美曰仁而不僭徭役貞矣廉而不茍盜攘息矣勤而不煩草萊闢矣予曰斯寛矣能使民遷善余嘗論之

夫民易治耳道之仁而仁道之讓而讓設為學校教使皆盡躬修孝弟忠信如古之制其效亦無不著觀侯之於學善矣又能以身先夫民民喻其仁若依父母誠稱國家之明制庶幾知教矣昔者魯修泮宮而魯頌作重民彝也余願竊取其義因為侯作頌曰州既改作民來如屬不教則悍乃作新學學誠教首吏闓勿察彌久而弛置若綿蕞守入伏謁顧瞻怵惕俄而大起棟隆且吉相作新堂使居絃誦吏進弟子試為禮頌守謂弟子力

學自躬毋若征徭怱求良朋父兄圜觀歡喜忭舞執公
之曫顧之公所昔我避逃將子車下令弦於官進豆陳
俎池水湜湜菡萏其花綿紳縞帶容色洒如勗哉爾士
有敬毋怠作室者誰守世傑氏李孝光譔

崑山州重修儒學記

崑山學校之難異於他郡有三故焉州之舊為縣故學
校視縣為高下縣既陞州而學校尚仍舊規制卑狹不
足以聳觀瞻興士類其故一也又今州治乃舊太倉地

地瀕海荒落其後日漸生聚成市蕃漢閩廣襍處混居而土著者十無二三文學之士亦率自他邦來今之舊隸儒籍者數不滿十人蓋民非土著則所向無恒心士非土著則所習無恒業其故二也又今之職教者非盡得人經術之不明行藝之未脩不能正身檢下而且徇私以縱其奸是以蠹愈深而弊愈甚此學校之通患而崑山為甚其故三也雖然事存乎政政存乎人其轉移作興之機亦存乎為牧守者何如耳至正九年夏史侯

文彬來為守既謁廟廷即惕然思有以新之先是學贍
空於計吏之手歲所入無幾何入即隨手支付無所儲
儲亦無其所俟命先作倉庾為屋者三翼其左右者二
敞其前為軒者一凡日時之侵漁竊覬冒占儒額者悉
去之節浮費謹出納明號令而是歲之所入者始全所
儲者始有餘此俟之所以立其本也乃履殿西偏地復
侵疆三畝有奇築而為墻凡四十丈殿後地舊為汙池
旦暮潮汐蕩激幾壞址乃募工輿土實汙池疊石以防

河岸而為墻於其上此侯之所以廣其基也基址既固乃建講堂堂之高二丈三尺其入深五丈以楹數之者八其費出於州民陳允恭而凡畚築完甃之務則民之願輸力者聽蓋侯之德惠政教足以動之故其樂於趨事如此若侯之自為與資於學廩者則更建大成殿為六楹高五丈二尺深亦如之為儀門二楹如殿其高視殿不及二丈六尺其入深三丈門東西為官廳各四楹堂之東西為齋以居生徒殿之東西為廡以列從祀通

為屋二十有六先是從祀諸賢並圖於壁翳昧陊剥弗彰至是始改為塑象凡百有五人其門墻亭泮靡不完好始於至正十年之正月而以明年二月成此侯設施之次第也侯之綜理規畫不啻若家事非有公府劇務不得已者必日一至焉若朝夕程督則授之教官前鄉貢進士蔡君景行景行亦孜孜展力以相其成於是授業者有師執經有徒誦聲洋洋達於閭里觀者易視聞者易聽而人心俗尚之變且權輿於此矣已而蔡君述

其本末以來請為記予前佐領江浙儒學所記學校多
矣然因仍者易為力改創者難為功今斯學内外高深
横縱巍焉廓焉跨軼前代非力足以任重才足以立功
者不及此雖然予嘗徵郡乘所載人物自晉二陸而下
多名士然猶曰才華過實君子所不取如清慎超羣仁
義不汙者率有其人至近代端拱迄咸淳科第相望為
鄰邑最其間又以大魁為朝名卿抗疏力詆權貴者清
節凛凛照映史冊為閭里重州治既垂四十年商賈之

集生齒之繁財殖之富皆有加於在昔而人才之見於世者猶有愧焉此其故可知矣今侯一舉而新之所以嘉惠士子者甚至為士子者蓋亦以侯之心為心以聖賢之學為學小學而必由乎洒掃應對進退之節必由乎禮樂射御書數之文為大學必由乎格物致知誠意正心以修其身必明乎治國平天下之務以達其用師以是為教弟子以是為學夫如是則德成於已名揚於後時居則善其鄉以成禮讓之風出則廣其施以著之

行事之實上以忠於國下以有光於前聞人夫豈非史侯之所望於諸君者哉史侯為州所增廣創設不可殫記予獨舉其作新學校之功以為州之士子勸無負侯之盛心云承務郎前浙江等處儒學副提舉李祁譔武略將軍建昌路總管府判官胡布書并篆額

至正九年夏史侯文彬守崑山始新州校規州制也浙提舉李先生祁為之記史侯去而碑未刱至至正廿二年春基分教是邦始奠祠而立焉太守偰侯實

董戍之烏乎史侯建學功非一日而數年間始得刻石庸非政教有所關係而史侯之勤終可泯耶明年夏平江路崑山州儒學教授江南蔡基志

啟聖廟新建宗魯書墊記

宗魯書墊者松江上海之士民因孔氏之遺蹟而作也遺蹟者何孔子裔孫有仕於東南者僑居於此故名其地曰孔宅涇也涇之東十五里曰青龍鎮青龍又南六十餘里曰華亭此其地之所在也按圖經孔子二十二

代孫仕漢爲太子少傅曰潛者避地會稽廿九代孫曰滔者仕梁爲海鹽令三十二代孫曰嗣哲者仕隋爲吳郡主簿三十四代孫曰恒者爲蘇州長史孔氏仕東南者非一人歴歲滋久不可必其主名也舊訪其地有孔聖廟顔淵井宰我墩涇之北有浦曰叔梁浦立有叔梁廟後因追封又名曰啟聖王廟蓋孔氏久居其地或值世代分據阻絶思慕其鄉作家廟進祀故涇曰孔宅浦曰叔梁而井若墩皆以弟子名者實以擬夫東魯尊其

所出而不忘其所自也又傳孔聖廟嘗廢為孔宅寺泰定中廡下有異聲寺僧掘其地得舊時冠履等物土人益信其為孔氏所居矣至正歲戊子前延平路教授章顔青龍人也家素饒財樂善尚義睹茲廢址名存實亡乃擇廟東隙地乘地爽塏而營治焉傭工市材載堂載構並建兩禮殿右祀啟聖王叔梁氏及夫人顔氏左祀宣聖及從祀四賢十哲兩廡列祀濂洛新安等傳道諸大儒象設尊嚴規制宏邃南院門二北祠文昌講集有

堂肄誦有齋東曰進德西曰修業黌舍粗具兵難薦熾寢不遑理後十有二年歲庚子興化馬玉麟尹上海訪知其故時章顏已死召其子弼輔喻之曰汝父搆是而中輟何居乃畀禄米以助不給弼輔割田六頃八十餘畝歲租米為石三百五十以資繹奠舍菜養士及器服百用之費於是走幣致前信州藍山書院山長劉鏞以主之設訓導二人曰洪恕曰韓羽以教弟子員直學一人曰王黼以司出納漸有條序而馬代去海陵何緝為

尹申勅前規免章氏所舍田役以優其家松江倅顧遜亦遣功曹董工甓壇築垣以補完之有頃顧與何又皆罷去歲癸卯秋維揚蘇宗瑞尹上海而闕中張憲文為丞天台陳聚為簿暨闕職黄祐胡紹忠協恭敷治振厲士風躬禮書塾導飭惟恪慮昧於永乃命山長劉墉具因革旬文以刻石焉惟禮莫大於祀治莫先於教祀以致敬教以廸善能敬而善俗斯厚矣古者鄉師州長屬民讀法會射攷其德行道藝以糾戒其過惡祭饗祖於

瞽宗以示不忘祀之與教其來尚矣聖人之教本於道道原於性性無不善則道無不在教無不行也吾夫子生於叔世不得其位孜孜然修明經籍垂世立教使天下之人知有人倫而不淪於異類千萬世如一日則天地父母之德家祀戶享未足以報也況是地也聖裔居之嘗建家廟矣事跡有徵廢而不興見者閔者寧恝然耶郡邑大夫士先後勸戒建置一新俎豆斯陳弦誦斯秩洋洋如在濟濟來游可謂知所務矣於以崇德報功

於以化民成俗其效豈淺淺者名曰宗魯以表其跡不
亦宜乎昔子産不毀鄉校孔子仁之諸君子之興書塾
得毋有以稱述之耶於乎道若大路然人病不由耳師
弟子業於是者溯夫淵源之正而不汙流是溺識夫體
用之全而不邪徑是惑是則聖所望於後學邑大夫所
望於俊乂者將羣游於書塾涇浦者如周旋於闕里沂
雩之間自是呉多君子使人曰呉一變至於魯顧不休
與至正癸卯冬中月既望資善大夫江浙等處行中書

省左丞周伯琦記并書篆

崑山州重修三皇廟記

稽古鴻荒之世人文未開蚩蚩之民與鳥獸爭一旦之命不有聖人出而立人極焉生人之類滅久矣毛茹而血飲也為之庖厨巢居而穴處也為之宮室畫卦以通神明之德造契以代結繩之政為之耒耨以厚其生為之醫藥以救其死造律歷垂衣裳以開萬世之治其有功於生民甚大廟焉而棟宇撓祀焉而籩豆缺豈教民

報本之意哉崑山三皇廟自州治遷後日就隳廢至正十九年州治復還舊所大尉鈌承制以石君來同知州事奠謁之初顧瞻太息退而謀諸知州費侯曰州事艸創百廢宜次第舉三皇建極之始今而廟宇崩摧神象暴露國家崇奉之意安在耶舉所宜先費侯是其議亟捐俸為倡醫流義士翕然和之不數日得錢若干緡米若干石召匠度材以工給其役以吏董其事不數月殿宇之顛覆者隆然起兩廡星門之朽弊者翼然張階墀

磚級之陊剥者整以容象塑丹白之漫漶者焕以新傳
所謂人存政舉者是也夫弛張係乎理不係乎時廢興
由乎人不由乎數有為者何施而不可也學有田若干
蕩租若干册籍迷失無所攷石君又追究歸之學祭祀
饘供之用於是乎不窘矣廟成而石君去費侯曰石君
之善不可没也徵予文記之予讀邵子經世書至皇帝
王霸未嘗不廢書而嘆也皇以道化民霸以力服人世
降俗漓古道茫昧崑山之長貳修舉廢墜而以皇廟先

焉其溥功利以導道德者耶其知報本而善教民者邪
詩云有斐君子終不可諠兮後之人庶乎尚有攷也費
侯名復初字克明東平人石君字安卿西夏人陳秀民
譔饒介書余銓篆額至正二十三年夏月日平江路崑
山州知州偰斯同知州事部肅州判丁克明提控按牘
趙從周都目謝弘道醫學權教授王煜教授許規立

名蹟録卷一

名蹟録卷二

明 朱珪 編

記

重修永懷報德禪寺記

吳城之東百里內有屬州曰崑山州故治西偏有寺曰永懷其州之東濱海帶河塾下湫隘祇林寺基亢爽明塏實經始之善規也按舊記寺建肇於宋政和間有僧

義明闡法於斯聲動遐邇聞者樂施厥積既羨乃作殿宇行人道川率邑人沈饒輒爲募西方之尊信象教者承以法堂翼以兩廡表以諸天之閣而寺之規制粗備至南渡建炎叅政王公欲以此寺爲奉先之所遂請於朝因勑改賜額爲永懷報德禪寺越二百餘載日就靡夷凡規制之所存者惟大雄氏殿巍然丹堊漫漶將至廢弛爲住持者莫有爲起廢之圖而其衆往往散之四方逮皇元癸酉改元之嵗浙西江東道廣教府移檄本

郡以岳雲望禪師領之既至慨然曰吾為釋氏徒居釋氏宫起廢之責顧不在我而誰歟先是寺之土田質貸久不能復倉廩虚罄而廢加甚師乃力自奮厲夙興夜寐銖積寸累毫髪畧不以私口體奉由是稽質貸之歲月恒以福報因果之説開諸人未能率化則出所積以贖之則質貸者歸虚罄者實然後度資計庸庀工鳩材外自三門兩廡度經之藏撞鐘之樓圓通之殿水府之祠内暨法堂丈室與夫選佛之塲儲資之庫下及庖湢

圜溷寺之周圍隄峅城墻一撤而新之閣之初建并植四楹今則耦四楹而廣植焉閣之左右後創二樓相照以覫之則翬蜚敞豁金碧煇烜而已僦工於乙亥之秋落成於乙酉之夏然而棟宇隆厚上下完固輪奐寵綴之美爀然不失舊規四散之衆復集相與喜曰我等歷雲水見名山大刹之偉壯未嘗不内顧而興願念不圖今日見永懷之重新也遂合辭走武林屬余文以記之夫天下之事物無巨細惟誠可致仰慕佛氏之道微妙

宏博天地所不能容聖智所不能窮其為道勇猛精進
心所趨者不退轉卒以成佛況寺之興乎且昔之尸此
者豈不知廢之不興為已病此乃誠不屬故坐視歲月
之遷而徒已焉今永懷之重興庸詎非望師一念之誠
哉故樂得敷其梗槩而為之記載諸石以壽其傳厥為
來者鑒毋蔽厥緒焉可忽諸師諱道望台之臨海人姓
項氏世為儒官得法於保寧古林之嫡嗣岳雲其號云
至正七年七月既望鄞劉景元撰大中大夫秘書卿台

哈布哈書

豐兆院記

吾聞佛氏之於其道也必深造超詣盡得其師之說而後止故常去父母親戚斷割情戀不使外物騷亂其心腸二三其思慮則庶乎其有得矣然居不可以無宮室也饑不可以無菽粟也寒不可以無布帛也相生相養之道有終不得而廢矣故必有上棟下宇之制以却風雨寒暑必有園田生産之利以備饑食寒衣夫既足矣

又不能無出入寇攘之防疾病死葬之變不可孑然而獨處也故又慎擇其人之慈良信愿號為師弟子結之以父子親戚之恩使可以相保相賴必如是庶幾其可也崑山東廣教寺為吳雄刹僧徒常二百人往往有以行業顯名當世者有曰傳法師者嘗出主杭之横山寺明天台氏之說其行業尤著法師度弟子二人曰道彌道行彌獨得其師傳乃别築室於寺之東姚岑里名曰報恩精舍皇元至元間有司籍僧田陞為院至大德中

屋為颶風所摺乃以田易廣孝寺東偏隙地而遷焉傳至允穹正因又能增益其業視昔有加矣冃公性機警又嘗問學材幹足以立事常居廣孝耆舊興舉墜廢其功居多非惟能紹先業而已又慮其徒或忘前人創立之艱徵予記之令人有父子昆弟之屬家之所以成者由天倫之和而取賊敗者背是也況乎結至踈將為至戚其可以易道哉若然則庶乎始終相保相賴而無慮矣

大寶洲記

静專者道之基廉退者福之原節儉者事之本古之賢知之士行高當世不危其身不損其名百世之下有喜稱而樂誦之者豈有他道哉世之末能下技譸張巧變將治之以欺世而盜名其自視為有餘貪墨而不止及其窮也亦可悲已故惟遊乎方外者其志堅定凡天下之可尊可貴可驚可喜不入於心故常超然而自遂焉蒙泉禪師則其人也師自齠齔歸於佛長遊四方從鴻

師先生盡得其說至詩書百家言亦無不通元統間教府選材僧而得住崑山報本寺未幾遂棄不居由是檀越尊姓衣冠上流至於賈工下俚之人嚮戀彌至凡所施與無所悋惜師勇於進修而服食寡簿雖古之枯槁巖穴者無以過之乃視其所贏即寺之陰別為屋若干楹邑人章景仁讀書好義與師相善又能以力相之屋成象佛於中且以待四方賢者之來也署之曰大寶洲乃謂東曰予儒氏而通於詞庶有以記之夫物希有而

難致者謂之寶珠玉吾知其為貴土缶瓦礫吾知其為賤小子之智奴隸之明也天地之間有至寶焉智者得之愚者失之矣是故寶得其寶者祥寶失其寶者殃曰慈儉不敢為天下先老氏之寶也曰佛與法佛氏之寶也合佛與法而一之者僧也故僧亦寶也夫是寶也衆生非無佛非獨有衆生非欠佛非有餘故佛嘗欲與衆生公共而均有焉居之而弗施者謂之徒寶失之而不求者謂之棄寶吁佛亦悲之矣今夫是洲之大衆寶聚

焉能入其中者行止坐卧常不離寶豈終有不獲者耶
而為頌曰其洲大無量中有衆寶聚非金銀琉璃珠玉
諸珍等其寶悉見前罕有能見者如盲眼無視如坐暗
室中人辯五種色疑惑不能知惟無障礙故而能見斯
寶充滿於大洲無有非寶所若有諸善人因以求寶至
皆生大歡喜悉能滿其心昆陽鄭東撰濮陽吴睿書并
篆額

瑞雲精舍記

崑山東陸瑶里曰瑞雲精舍者宋咸淳間茜涇廣孝寺
昜公所作也里有陸氏爲里中著姓昜公陸出也精舍
之作以近族也按廣孝寺碑寺始建於唐咸通中唐末
寺燬至宋太平興國中有高僧子瓊道清者從汴梁來
至海上樂其地古且得石幢卅礫中識其爲故寺址也
乃重作寺以居四方之來從者蓋昜公之初祖也故今
廣孝祗昜公之徒猶宗子也其先師弟子之傳以次至
昜公始度弟子二人其一曰法明爲明之後者曰可才

乃出分而至瑞雲焉凡彼此衣鉢之儲土田之入由是始判然而為二矣宋末精舍災皇元大德間明才二公復作之視昔有加焉既又作室寺之東序之北欲後人知其所自出也由才而下曰分祥清潤淨元希孟從邑如以德鄰智融若谷義深善權其傳皆以次相承孟公慮其世遠而法壞且忘前人之勤也是不可以無記謁文於予嗟夫世之享富貴有不能終其身或僅一再傳其子孫則已寒餓而亡滅者矣今佛真相傳或歷三四

百年而不墜者無他道也世人急富貴捐禮義故子孫嘗多愚而易敗佛氏往往能慎後而擇賢宜其能久也予觀諸瑞雲若孟公鄰公皆出世而師表於天台氏矣是不謂之能擇賢耶今又以賢而擇賢則其徒宜益有賢者矣其將相維於無窮哉昆陽鄭東撰并書弘農楊希賢篆額

無倪舟記

客有夸其言於衆曰負一鍾之粟則用馳之力一牛馬

之力五人之力十矣今海上之舟絜其大則踰千弓計其力之任則踰千鍾用之入鉅海走汪洋一日趨幾千里而不為之勞人馳牛馬强日及百里弱半之汗出而力盡矣然則其為器大為功多莫若舟也客有在旁啞然笑之曰陋哉子之見也吾語之以大舟乎仰而制圓俯而制方崐崘坱圠莫極端倪日月星辰之行也山嶽河海之流峙也九州生聚之耕作飲食也羽之飛毛之走鱗介之潛伏也蠢焉而昆蟲也植焉而草與木也廓

以居之力以持之是故愈久也而不憂其壞愈多也而不憂其隘其為器也孰與其大其為功也孰與其多容又有在旁啞然而笑曰予之言幾矣吾復語子以大舟乎其制也方寸及其廣也包乎太虚無有端倪彼仰而制圓俯而制方納之吾舟之内有餘容矣日月星辰使不失其行山嶽河海使不失其流峙九州生聚使不失其耕作飲食羽毛鱗介昆蟲艸木使不失其飛走潛伏蠢植且百世之上吾溯其流而知其已往百世之下吾

从其流而知其方來然則其為器也孰與其大為功也孰與其多二客憮然久之曰吾知舟之為舟而不知天地之為舟吾知天地之為舟而不知大於天地之為舟幸聞先生之言可以去吾蔽矣句吳白雲師署其居室曰無倪舟昆陽鄭東為述三客者之辯作無倪舟記

崑山州知州史侯生祠記

佛氏以慈悲弘願汲汲極救羣物為務而不私恤其身其設心竭慮亦仁且厚矣自其法入中國上而萬乘之

君下而公卿大夫至於庶人莫不愛護而尊信其說故能垂之千百年而勿墜也崑山萬涇廣孝寺建始於唐咸通間其僧員之盛比按而連業同堂而合食者常二百餘人蓋吳郡之東名藍古刹也寺舊有田若干畝遇歲不豐食廩輒告匱境上富人因捐田入寺曰餉得以少裕焉至正七年朝廷以凡天下寺其買田非宋金時者令徭役與齊民等且崑山為州徭役甚重以繁為東南州縣之最雖多田鉅貲之家一或失計即糜爛破壞

不可復支況僧素不習事孱弱畏怯而一旦加之重務有司人低昂失平絲粟之賦刻期逼迫故往往鬻田送官用脫刑責且小吏賤卒假威上人日持牒踵門足跡相接苟勿滿意欲即造語生事巧發上怒動輒禍人至必待之如尊賓貴客雖一日數十人不敢忤一人焉由是寺力日就澌盡如病羸人僅僅骨立時廣孝之衆相顧無策壯者將散之四方老者立待於斃而已至正九年春朱方史公元來守崐公廉正敏亮恕惠愛人不立

威任刑常近民而求其所惡欲閔閔焉若慈母保赤子於其懷也乃知僧之病役而廣孝獨甚焉惻然而愛護之甚至寺僧乃喜而相慶曰吾可免於散亡立覺之憂矣然公之恩我若是其厚吾無以報公是心缺然矣宜肖象以祠公不惟使近佛而求畀以盛大之福且朝夕若親公顏面而敬且愛焉則亦庶幾可盡吾心乎乃相東序治室而慎祠焉寺之主僧乘謂東曰凡人之情於事久則怠怠則忘之矣願 為文刻之貞石將使吾徒懷

公於無窮哉古之善為治者能勿咈夫人之情則其政無不獲者矣故上者常任德下者常任刑刑怨之淵也德恩之藪也前乎公為崐山不知其幾人矣未聞有能祠之者由今觀之刑德之應亦大相遠矣然則後乎公者又能以公之德人者德之其有不以祠公者祠之乎公有惠愛於人甚至崐山之民攟摭其治跡之實而載之石甚詳也茲故略焉崐陽鄭東撰并書弘農楊希賢篆

直沽龍祠記

通州南五百里其地曰直沽有龍祠龍能著靈凡水行之人涉危蹈險莫不賴龍以為命者且國家歲漕東南之米三百萬石由海掠直沽而達京師於時海波晏伏雨風和平萬艘連進卒以無事亦莫不賴龍以為安者則龍之於民亦有功哉記謂能禦大災捍大患則祀之龍之有祀也固宜又曰山林川谷能出雲為風雨見怪物皆曰神龍實有焉則其有祠也又宜吳之崑山商者

沈某海行而至直沽數數焉其出入海水船安楫牢未嘗有倉卒怖愕之變故其事神益虔因覩祠宇撓壞像設露處過者狎焉其心勿寧且曰神之德我人甚厚當其身危勢蹙呌號於神求哀而乞須臾之命將終身思報德不敢背負及其既寧而遽忘之我等小人真少恩哉乃度祠屋舊制歸擇材為屋凡若干楹既具越明年春舟載而植焉實至正五年也若某可謂能報神矣夫德人而責報於人者非也蒙人德而忘報人者亦非也

令神不責報而人不忘報亦各盡其道而已且某亦商耳推是心而為臣將不後其君為子將不遺其親為弟子將不倍其師世之稱君子蒙人厚德其人一旦在患難則計較得喪不肯相顧者皆是也平居則曰彼商也今其見義反弗及之矣予故書之非惟使過客常負於神者讀予文内愧而汗下也昆陽鄭東撰

海曙樓記

崑山之東北海上其地曰茜溪土壤衍平廣袤有美田

深澤之利民居聯絡比密如縣邑然吾友楊鍊師居之予嘗往來鍊師必久之而後去然獨恨其無高山大陵可以游觀以宣暢湮鬱之氣雖日坐屋下安飲且食使人悵然不樂欲去求車蓋諸山以望句吳之墟太湖三江之水則百里外不能一日而往還也自予歸永嘉日有山水之樂然寂寞無人則思其冠服修好姿骨奇岸有如鍊師者與之相從其間而不可得則又有不樂者焉且聞鍊師治樓甚雄峻弘麗如仙者之居予憶鍊師

當秋清暑退海月夕出馮軒而望思故人如余者散在四方與之嘯咏其上而不可得亦將有不樂也今年春二月予來吳即過鍊師求樓登焉而我二人相顧一笑向所謂數者之不樂皆釋然矣仰覲其楣間之牓曰海曙鍊師曰子試爲吾記之夫海之曙吾嘗習見焉夜過半日將出扶桑之旁陰氣消斂陽光四達於是時起觀清明之氣而吾之在躬者益有驗焉況其居高臨虛而先得之者耶吾將從鍊師於是樓之上又聞方外之士

服朝霞而能久視必有以私授我矣鍊師名希賢字敬仁善為歌章好鼓琴當世賢者樂與之遊云今年實至正十一年月日昆陽鄭東撰并書

聽海軒記

水之為物也側出而上溢勇決而峻下觝厓而阻石而聲生焉然其聲也始而怒中而平及終滙而為海也納乎至鉅蓄乎至深雖欲求其聲不可得矣是知水無聲水而有聲水不足於水也豈惟水哉至於人亦然今夫

么麽之人有一善焉而其色也矜有一能焉而其言也
夸夫是二者生於不足也尋丈之瀑尺寸之湍也聖人
仁義之懿道德之豐藝能之通且習方退然而居天下
莫能盡窺焉是故善觀水者必於海善觀人者必於聖
人得其術矣句吳俞復初為老子之言且博通羣典以
求合於吾儒氏之旨居婁江去海且近因名其軒曰聽
海或人以問予曰海無聲奚用於聽予曰甚矣子之固
也夫聽海者非以聲求海也將求海於無聲也求海於

無聲則海之為海也至足矣猶求聖人於無迹也求聖人於無迹則聖人之為聖人至矣以聲而求海將以已之量而淺海也雖然吾嘗居海而觀海之變當陰氣之將洩其聲卒然而生閴然而合茫然而莫知其所來頃焉大風應之與之相遇滉瀁之中當是時予起而聽之聲塞天地將不能容天下之聲未有大於海也及其卒然而平泯然而止茫然而莫知其所涯是知無聲者為至足之藏有聲者為至足之發吁至哉海也故惟聖人

與海準也且天下之耳同乎聽有精粗焉夫習於海而
莫之咎者衆人也其聽粗也其智勿及也吁海哉海哉
天下之善用其聽者曰寡矣復初喜且請曰願有以記
之遂為記

花雨軒記

婁山曰玉峯峯之南隱君子居焉竹樹蒙翳町畦交迭
中為軒兩楹北塞而南通春冬清燠秋夏凉肅適體悅
性居處宜矣若老謝事子姓長日坐軒與楞嚴法華諸

典次第龕閱旦日起沃盥琅然誦讀雖甚劇勿間以為常如是已十載餘鄉人稱之曰善士邑大夫禮之曰信士士君子敬之曰貞士非善無以懲惡非信無以動物非貞無以處已君信其鄉先生哉予友盧先生志道友於君有年教其子孫知孝悌忠信皆循循雅飭長子復初克承君志所交多名士寓公甫弱冠先生長者樂與之言嘗介盧先生求予文發君隱德予聞釋氏書善誘人予於釋氏非能知知君好之以獲休譽於鄉大夫士

若之有德也必秘秘必神神必顯其講說處天能雨花
坐中君講說是軒能然否耶他日造軒中必有能然者
感君至哉始名曰花雨歲庚戌二月廿五日齊郡張紳
記

又

世有慕空寂以樂天賦之善而不越乎綱常倫理君子
固當進之而不可槩以游方之外者並論也崐山王祐
之甫避世藏密朝夕繙誦内典以示無事乎奔趨無效

乎刻畫淡焉泊焉内養外持雖㵿葛紛沓萬變日至吾則凝焉寂焉而已雲門山人張公士行過其軒居署曰花雨且為文以表揚之而又介陸公載請予發其未發之旨予聞金仙之教其高深玄遠不可窺測故雖天地日月皆有成毀而其妙有實理則固未嘗毀也若其天雨寶花彌滿周帀於三千大千恒河沙數世界以顯神藏用豈特泥一室而已矣花之不根不柢不凋不謝無分乎春冬無間乎紅白又豈假乎造化滋培之力也耶

祐之肖能有見則雖處幻境而不為幻境所惑不徒繙誦而已乎金仙之道貴在直超無始洞悟本真所謂不與生俱存不與死俱已者在是而不在彼花雨强名不過神幻恍惚以驚駭耳目豈可塊坐執著而流觀哉予嘉其請遂因具命之意仍為偈云其花非凡花漫空眩众目花繇類生成淩亂從天雨無根亦無柢香燄芬陀香匪但闍崛城徧覆恒河界若人能了悟眼目鼻觀間觸類歘有得重啟光明藏結習悉掃除飛墮不著體亡

言既超出弗泥還弗迷燕坐動豪髮當作如是觀洪武四年龍集辛亥夏五月端陽日樵海老人淮海秦約撰

名蹟録卷二

欽定四庫全書

名蹟録卷三

明 朱珪 編

墓表

宋龍洲先生劉公墓表

先生名過字改之廬陵人宋以詩俠名湖海間陳亮陸游辛棄疾世稱人豪皆折氣岸與之交丞相周必大聞其人欲客之門下不就故人潘友文宰崐山縣延致先

生先生雅志欲航海因抵縣留宿馬先生卒縣主簿趙希𢷎以友文所賻錢三十萬緡買地馬鞍山以葬遂立祠東齋久而墓與祠俱廢更一百四十餘年為至正十三年州人顧瑛秦約盧熊等聞之州州下其事徵諸圖籍正其厲域表大石其上題曰宋龍洲先生劉公之墓越六年寺僧盜葬其所今知州費侯復初令寺僧遷骼復其墓且表樹馬遣客殷奎謁予求表墓詞予昔往來婁間屢詢其遺墓勿得今幸墓復予何辭于言或謂公

一窮詩流且其詩又局於季宋陋習僅如五季羅昭諫
爾何以表樹後人哉予曰不然取人以詞不若以節義
公當抗疏光宗請過宫屢與時宰陳恢復方畧勇請甲
兵謂中原可一戰而取不用去正類昭諫力勸錢尚父
以春秋討賊之義義士為之激立可以詞客少之乎吾
以是復奎使歸告費侯刻石爲表大元至正廿一年冬
十月五日奉訓大夫江西等處儒學提舉楊維禎撰將
仕郎杭州路海寧州判官褚奐書

墓碣

元故朝請大夫溫州路總管陳公墓碣銘

陳氏出舜後胡公滿以國為氏公之來裔莫詳譜牒世居峴者祖諱信亞中大夫同知浙東道宣慰司事輕車都尉追封潁川郡侯父諱允恭嘉議大夫平江路總管上輕車都尉追封潁川郡侯皆公推恩所覃也公儀表魁壘遇事沈密而果決其開誠下士則洞見肝膽平居好古健游覽嘗不遠千里登泰山日觀南上武當絕頂

觀銅柱東航海謁補陀大士象皆若有所遇至正五年閭詔下輸粟於邊者授官公以粟授於濳縣稅使遷晉江陛牛田司丞十五年淮兵南下倖仕者相鳴而起皆冀詬亡賴公獨逃禍民伍越三年間走京都挾粟數萬斛濟國餉大臣擇之見天子天子旌其義授宣武將軍同知韶州路總管府事未行明年薦授朝請大夫溫州路總管兼勸農防禦事又明年到郡郡方以民力捍城饑死者相枕藉城下公下令發廩及私帑計丁雇役民

趨者如市城塹不日成前政督秋税以家量収病民甚公亟易之閲三月政平頌作秋九月遽以疾終二十二年夏五月孫男經奉函骨航海歸是年八月十二日葬於馬鞍山先塋之左公諱志學字俊卿娶顧氏蔣氏並封潁川郡夫人子男三人長逢祥江陰州申港巡檢次逢吉江浙行樞院都事逢原水軍都府萬户孫男九人孫女七人俱在繈逢祥衷衰來拜余門曰士附青雲屬之王公大人而身後聲光著白不朽則必託一代之鉅

手筆先子幸附青雲有禄位不幸卒海邦數千里外不能如禮葬乃子孫罪人不得鉅手筆如先生壽吾存没非重不幸歟幸哀而賜之銘予與公為甲庚友者二十年辭不可遂為銘曰貴與富不兩完窖金櫝玉褐蓋棺仁人富不以私補吾國漕賑我以歲饑要銀艾佩銅虎爾兵爾農子聽父堡障豎梁柱傾天不假以三年成孫梵梵齒未丁護喪航海海砥平王之龍氣如虹白鶴歸來語長松城郭從井邑改楊子作銘銘有在賜進士出

身奉訓大夫前江西等處儒學提舉楊維楨撰盧熊書

元故殷處士碣銘

至正廿二年九月癸卯朔十有八日庚申吳郡殷奎葬其父雍逸處士之柩於崑山先塋之次既葬樹碣墓道而請其師東維叟為之銘處士名庠字君序其先華亭人居崑山者再世矣崐俗喜貨殖類蓄高貲遺子孫處士哂曰貲多愚子孫且賈禍何用哉聖賢之學達可庇民物窮亦善一身敎其子奎不遠數百里從予遊一州

皆笑以為迂處士不為變益市書築室使竟業予已喜處士之志果確而奎亦謙厚雅飭刻意古學予於是又喜處士之志克有遂也始處士少時即以長子任家督弗及於學然其天質之美孝友忠信自有絶人者既壯閲觀古書傳求其人行事施諸家父性嚴處士事之竭力能得其歡心遇子弟恩意篤至周人急無所吝雖貧之不校其葬親勿襲夷鬼俗委水火君子稱之故其殁也人多哭之哀處士享年五十有七士君子誄其行者

私謚之曰雍逸處士曾祖萬采嘉興節制幹官王父瀲父子涅皆抱德不仕娶王氏宣政院宣使忠仁女子四人女二人孫男六人奎其冢子也殷氏三世有德而無禄四世而昌意其在奎乎乃為之銘以俟銘曰生不穀死不壽德則富惟其不有以遺後會稽楊維楨撰豐城余詮書彭城錢逵篆額至正廿三年十一月九日甲戌男奎璧箕亢等竪

元故曹母碣銘

維曹元達庶母吳年五十二歲喪於賊而不得歛將窾墓納棺衣而葬焉乞銘於其友昆陽鄭東曰幸不沒母善且使後世不為虛墓也於乎元達之志可悲也已母諱某家世業農居徽之休寧金竹村母幼鞠於嫡外家汪氏年十五從嫡婦於曹先生某先生卒母哭之喪明時年二十有八至正十一年賊發汝潁南延江東饒徽間初賊逼徽境上家人欲負母出母曰君宜盡引去先人木主不可無守也且賊亦人耳顧我盲廢人何忍殺

吾果幸得免十二年正月十七日賊又卒至家人倉皇四出賊以及臨母曰能盡出篋藏可無死也母曰吾家世業儒第存先人敝廬及多書耳餘無有也賊怒竟殺母及其孫國賓親戚童婢同時死者三十三人賊退家人歸求遺屍衆骨橫地莫辨其為母矣初母從嫡於曹能任治婦事而嫡不勞性不喜浮飾每服布綈猶以為過曹先生卒其兄欲奪嫁之母指天日自誓無他生子二人曰天德宜德天德即元達也時皆尚幼令其能讀

書自樹為世儒皆素教之力也天德娶孫氏生子二人
曰泰安普安女二人宜德出贅孫氏生子一人曰闢住
女五人又曰奎德者天德之兄嫡汪所出也生子二人
曰國寶國定元達及冠時貧無以養買奇氣畀糧吳楚
之間從時名貴人遊時客高郵閒賊陷饒徽甚危急亟
至杭遇阻不得往江淮反覆計之乃詣大官請身為士
卒由行閒以往大官見天德狀魁岸且出言甚文疑其
為閒諜將殺之會有識元達者得救免由是竟不得歸

明年賊破嶶家殘母已亡於乎命也夫銘曰天高高勿可求降淑媛禮用仇竟死變子莫收雝衣冠垂千秋於乎是為曹母之丘昆陽鄭東造濮陽吳睿書

故孺人陶氏碣銘

孺人諱安㝵姓陶氏世為蘇州人宋奉議郎諱璹之曾孫登仕郎諱伯柟之孫封從仕郎太平路繁昌縣君諱愈之仲女曾祖妣朱氏祖妣張氏妣宜人張氏也孺人生於至元十九年六月丁巳年二十有四而為辰州路

儒學正同郡錢君良傳之配端重有威識勤不妄用奉舅姑以禮承其夫以順訓飭子女以嚴事上撫下悉有章序晚年好誦佛書預爲送終之具纖悉畢備故其内外宗姻莫不稱其能洪武二年正月辛酉卒於崑山仲子述之家享年八十有八子男二人曰通曰述女一人曰惠柔適醫學提舉張元善孫男六人晉益復升觀恒女六人淑安淑貿淑惠淑貞堦曰嚴元裕徐天德周文瑩張天瑞淑能淑仁未嫁曾孫男七人女一人是年三

月丁酉祔於吳縣靈巖鄉黄山徐涇先塋學正君之墓
至是學正君之亡已有三年矣學正君之猶子逵銘其
壙石曰九十其壽康且寧也有子有孫孫多曾也善積
於身垂後昆也有信不信睇兹刻文也錢逵撰并書

壙志

元故希古道人朱公壙志

先考諱旭姓朱氏字子陽號次山一號希古道人世居
揚州崇明之西沙里至元丁亥遷於吳郡崑山之太倉

曾祖諱禮妣陳氏祖諱智妣章氏陳氏考諱文清資德
大夫大司農河南江北等處行中書省左丞妣邦氏先
考性簡重識量宏遠孝以事親順以事長教子孫以義
及鄉黨以惠處富貴淡如也大父左丞公以忠勇之姿
委質戮力於宋革命之時首創海運勳業著於朝時大
臣知先考之才聞於上至元癸巳降金符授忠顯校尉
海道運糧千户揔官以公正上嘉其能賜以金緞秩滿
不樂仕進退居田里構園池樹藝花竹扁其室曰樂善

日與賢士大夫游鄉人死無殮者則買棺瘞之貧無以禦寒暑者則製帳并綿纊施之大德辛丑秋七月風潮西沙飄蕩民廬死者八九而存者無以舉火先考運米千石往濟之有田數十頃歲少稔勿入其租吳郡三皇廟及玄妙觀鐘樓圮於風雨作而新之其樂施類如此先考性好學素尚儒雅博涉經史尤長於小楷篆隸章草早歲從趙文敏公遊已有能書稱晚年深造晉唐筆法之妙家藏法書名畫古器皆神品至正元年辛巳八

月二十丁未以疾卒於家屬纊不亂惟戒子孫曰吾死勿殉流俗用浮屠法惟事葬祭之禮足矣言訖而逝於乎痛哉先考生於至元十五年戊寅九月九日享年六十有四娶同郡虞氏子男四人長曰明德娶顧氏次曰明善有疾未娶次曰希賢贅平氏次曰明達贅虞氏明德明善虞出也女四人孫男四人長曰拜布哈從仕郎婺州路蘭谿州判官次曰兼善曰善慶曰觀善孫女十一人曾孫女三人明德等忍死以是年九月八日癸丑

葬於崐山貫岡原先塋之次日薄事嚴未暇干銘當世大手筆姑叙歲月納諸壙云孫子朱明德等泣血百拜謹志朝列大夫平江路崐山州知州兼勸農事孟奈曼岱塡諱

故處士呂府君壙志

先君諱德茂字茂卿世系自西岳得姓至東萊伯恭氏之後為吳人永嘉李五峰先生常為文序其譜曾祖考餘慶流衍蘊而未發父端號松巖初試昆山掾及授

汳梁稻田提舉生先君女子五人先君年十四喪親獨養於母讀書習吏事不煩責教強志自立先世富有藏積時宋氏李氏姊長先君固讓獨取書數百卷曰是遺子孫足矣姊妹遺諸孤擇師教之資其嫁娶喪死恤其家勿替父母喪哀痛而不踰禮人益稱之皇慶二年徙州家婁水上田壤益以廣俄燬於災堂宇深斥大之尤為宏遠事母終始致孝好施予為友為義緩急叩門如取水火歲大疫鄉鄰有至親不往過者先君躬其寒饑

家至户到多所全活晚年恬無仕進意常訓諸子曰吾少孤奮勵成家又有賦役日夜竭吾心思勞吾躬而至于斯歲廩之入可以供祭祀燕賓客鄉里之老南閭北閭杖屨可往來也若等服習文學學所以敬親親賢之道吾宗為不墜矣於乎痛哉至正乙酉三月病痿痺瘦凡禱祀醫餌不驗其年十一月一日終於家年五十三配唐氏子男五人曰誠次本文已娶恭尚幼長女年若干先卒壻苐世顯庶子信女某誠娶邵氏無子早喪孫

男二人又明年丁亥十月十七日葬惠安鄉古唐北岡
之原遂遷祖松巖君祖妣楊爲昭穆相向以冢婦原闕氏
祔誠負大不孝未獲寸禄以養越二年不克葬葬且事
嚴未暇乞銘於當代儒先含哀忍死述其大者内諸壙
孤子誠泣血百拜謹志前進士承事郎台州路天台縣
尹兼勸農事楊維禎填諱表華書

元故雲濤處士濮陽吳君壙志

先人諱睿字孟思姓吳氏其先世爲開封人六世祖諱

忠宋宣和間充殿前司統制官扈從高宗南渡遂居於
杭高祖諱永昌左武大夫忠州防禦使曾大父諱佐宋
承信郎充御前東庫使臣大父諱清宋成忠郎充殿前
都指揮使師僉父諱埴宋德祐初以京官子弟恩例授
迪功郎時年十四越歲餘宋主内附拘集近世子姪入
都先祖亦在其列留都下凡十年至元間迴錢塘遂無
意進取唯耽嗜法書石刻以自娛暮年號養素處士先
祖生於宋景定辛酉歲五月七日以有元至正九年巳

丑歲十二月二日考終得年八十有九祖妣王氏先卒二十有六年得年五十有一同以至正十年庚寅歲二月十六日卜葬於湖州武康縣封禺山之原先祖凡有三男子而先人居長馬先人娶新城徐氏於至順二年壬申歲四月廿八日卒年三十有九先人自幼雅尚古文篆籀之學凡六書原委靡不究探志樂山水清曠嘗自號為雲濤散人不幸以至正十五年三月廿三日以疾卒於崑山之寓舍於乎痛哉先人生於大德戊戌歲

五月三日丑時至是得年五十有八子男一人名昭以是年四月二十八日甲申歸葬於武康縣封禺山祖塋之原於乎痛哉日薄未能乞銘於當代立言君子以傳不朽姑摭卒葬歲月納諸壙室孤哀子昭泣血謹志友生蔚丘楊中頊譔

元故處士易府君壙志

府君諱思義字宜中其先吉安廬陵人祖諱斗元宋咸淳進士迪功郎平江路常熟縣尉攝警崑山遂家焉父

偉皇朝從仕郎吉安路吉水州判官致仕母李氏府君
孝慈溫恭出乎天性隱德勿耀恬然終身生於至元己
丑十月十二日殁於至正癸卯正月十二日以是月十
七日戊午祔葬於馬鞍山先塋之側娶同郡長洲王洪
女先府君七年卒子男五人鼎恒皆王氏出關孫徙孫
婺孫關徙孫皆早世女一人適王懋功孫男二人女四
人葬有日孤子鼎忍死泣血書梗槩内諸壙室豫章陳
增填諱

故宜人李氏壙志

宜人諱貞順字巽卿姓李氏居吳之昆山大泗里世為上族乙亥冬天兵南下家牒遺逸故曾大父大父諱官無所考父興龍字漢卿號懿齋宋太學生也會我父以江西戊辰進士尉常熟秩滿攝警昆山歸順事定先妣以疾殂得地於馬鞍山西葬而家焉懿齋與先人善幼年以君許嫁於我庚辰五月先人以疾卒合葬先妣墓至元甲辰冬而翁不渝初言克合二姓君初歸我嘗以

不及奉養舅姑為憾至是供祭祀睦宗姻撫諸子克勤儉莫不盡禮天性然也至大己酉夏吳之文學始以我備儒吏貢於郡旋調嘉禾陸浙淮鹺臺暨江淮府史南省三擢州縣幕官皆及代乃巧被台州臨門巡檢之命在官未久年至申請授从仕郎吉安路吉水州判官致仕恩例封君宜人首尾宦游三十六年清苦自持生事益艱日贍數百指得不困之皆君助也暮年築室昆山以便拜掃戊子春季子好禮為昆陵郡吏明年奉親就

養不逾歲君忽嬰疾五日而卒寔庚寅二月二十七日
壬子也生於宋咸淳庚午六月二十七日乙未享年八
十有一子男五體仁思義好禮近智履信以時擇配非
苟女二長適嘉禾王蘭孫次贅湖南帥掾四明陳秀民
内外嫡庶孫男十九女十一曾孫男三女五人於乎吾
與君共處六十五年賓對若一日目見四世又將有婚
嫁者復何恨焉所恨君之亡也先一夕飲食談笑如常
日黎明乃感疾即篤緒言遺念皆不及矣伉儷之情悼

痛之懷其能既乎乃率諸子扶柩歸昆山卜以是年六月十三日丙申祔葬於先塋之麓夫易偉因述梗槩內諸壙幽文正公八世孫將仕佐郎平江路儒學教授范文英填諱

故從仕郎吉水州判官易府君壙志

府君諱偉字成大號兼山先世長沙瀏陽人遠祖雄東晉舉孝廉爲舂陵令死王敦之難及五代子孫遷廬陵五世從祖祓貴顯趙宋世由大學釋褐累仕至禮部尚

書高祖嘉謨靜江府司户曾祖應云知靜江府義寧縣
父斗元平江常熟尉皆以科第進尉秩滿攝崑山天朝
革命就家焉府君幼失怙恃負氣積學卓以成立既强
仕困於無資援不能自致乃嘆曰凡可以有為則為之
即試吏平江再調嘉興陞浙運泉台州臨門巡檢年及
致仕郎任告老陞從仕郎吉安路吉水州判官致仕居
閒置散惟早暮以禮法繩子孫以論議商古今接親友
諧以言笑理情性作為歌詩仕不剛撓退乃順居如是

而已府君生宋咸淳丁卯三月二十九日歿今至正十四年甲午六月十一日是日命予孫來前語之曰吾以考終奚憾焉汝子若孫克率常訓吾死且安逝矣遂卒年八十有八其年六月廿四日葬昆馬鞍山西合封宜人李氏墓距縣尉君墓五步府君娶昆山大泗里宋太學生愨齋李公之女先府君五年卒子男五人體仁思義好禮近智履信女二人長適嘉禾王簡孫次贅慶元陳秀民掾湖南師府為之內外孫男二十八女十一人

曾孫男四人女四人將封諸孤泣血謀曰府君修德勤
事孰敢泯墜當乞銘昭代縉紳以著其寔謹述大槩納
諸斧屋中大中大夫前海北廣東道肅政廉訪使陳允
文塡諱

故青村場典史沈公壙志

先考諱仲字長卿姓沈氏梅谿自號也世居越之餘姚
龍泉鄉曾祖諱闕祖諱震字東甫妣王氏先考剛直好
義不妄交家貧乃謀升斗之禄以養由巡司鹽場縣吏

後奉浙江省檄陞吏平江府又調杭州考滿授松江六
日卒年三十八二十四年甲辰夏六月廿八日函骨葬
於馬鞍山文筆峰下先塋中之右先考娶崔氏瞿氏子
男五人長樞一十四歲先以治命定婚姻嘉定大場東
陽沈氏次機綱常瑠子女三人長妙賢九歲先以治命
許適昆山沛國朱氏次妙德安安孤子樞泣血謹志慱
陵林龍填諱

元故海道千户曹君壙志

先考諱珪字德璋姓曹氏海虞人海道都漕運副萬户
諱南金之孫贈奉訓大夫徽州路婺源州知州諱文華
之子生而穎異早喪父自能奮立襲大父恩授忠翊校
尉海道香糯所千户佩金符在官二十年部餉航海者
凡八上至正乙未以漕事如京適罹兵禍遇寇北通州
不屈而死時至正己亥二月十五日也即藁葬於州北
永涵寺之側若干步年五十一有男三人長玄次立次
亨女四人孫男一人曰遷女一人嗚呼世路嶮巇玄等

負罪未能奉其骨以歸瘞姑蘇窆於虞山新塋以俟時
寧哀哉至正二十六年龍集丙午夏四月孝子玄等泣
血百拜謹志傅埜填諱

元故徐氏孺人壙銘

徐氏諱永貞常熟人父諱元震母陸氏為同里曹玄妻
卒於至正十九年九月廿一日年三十歲子男一人曰
遷女一人曰幼華至正廿六年四月廿一日自虞山之
右遷葬於山之陰其夫為之銘曰前汝姑後汝娣從之

居即庭內至正丙午夏四月志

名蹟録卷三

名蹟録卷四

明 朱珪 編

墓志銘

楊履齋先生墓志銘

先生諱天澤字履齋號守愚子其先汲人始祖扈宋高
宗南渡遂居吳之嘉定楊巷里里始未嘗有名其族人
舊大人以名焉世為儒間有出仕至牧伯者至先生以

文行聞於人其里姓孟著曾祖諱椿年祖諱文炳皆隱德勿見父諱貴龍入老氏法中為道士性純孝父嘗疾禱于上下神祇至請以身代因而有瘳人以田來賣惻然語之曰汝獨無父母妻子耶田賣何活乃發廪賑之其人田卒不賣至今為富人妣戚氏正以從夫義以慈子人謂先生賢自父母賢也先生寬弘爽易不肯發人過人有小善稱之不置口又甚好客每客至則樂客多愈樂不至則不樂也客賢無遠近識不識雖躡屩踵門

過之一以貌弗為等級有不賢雖僕馬甚盛未嘗一見馬故客在先生之門必賢也嘗闢廣堂寘鉅樓可帀坐數十人日就與客會飲食客食必肉妻子則蔬也察客有寒色則解裘衣之故客在先生之門無寒饑也及卒之日客無貴賤闔之會哭於其家盡哀而去人往往歎曰惜哉使先生有位其待士如此有不為之用耶有不樹功業垂休光於萬世耶惜哉其鄉有告以衣食嫁娶死葬勿具疾病不能醫者先生咸賑恤之盡其鄉無有

凍餒天閼露暴及男女過時者甲致乙於訟先生陰為召甲賂之事既解乙勿知也後造門謝先生辭之曰告者妄耳終不以德乙也客有攜其子來其身寒露先生顧謂其幼子曰此兒可憐其幼子即解衣與之先生喜曰真吾子哉其賑人率此類讀老氏書喜其言遂入其法度地立老子像至羣書無不通悉以資為詩然為詩直以見志不為深刻且喜飲酒旦從人飲酒至暮未嘗亂或歲時擇勝地集賓客為樂曰人壽會有盡身毋自

苦也至元丙子正月己酉以瘵疾卒後十有三日庚申葬於所居北半里先人之兆配顧氏生女二人初以無子以徐氏子為後曰希祖次娶宋氏生男五人長曰希道娶徐氏次希賢即幼時能解衣與人者也次希遠同希賢為道士次希真娶謝氏希傳娶嚴氏女一人孫十有二人東始踰冠時識先生先生將五十矣不以年倍余長而以為友今老矣銘先生之墓奚辭銘曰可為勿為維有命勿以名殊維考行無位與爵德則戚斥餘賑

之斯亦政古聞捉髮且獨聖彼泯教急卒以病我誠悅
士士乃應應維其賢翼以正名聲播流寔則稱史雖弗
登維論定丙子之歲日月令父尊子早二穴並綿綿其
垂罔終竟後之觀者視楊姓昆陽鄭東撰

金粟道人顧君墓志銘

金粟道人姓顧名德輝一名阿瑛字仲瑛世居吳譜傳
野王裔未必然否也大父以上皆宋衣冠大父仕皇元
為衛輝懷孟路總管始居崐山之朱塘里父玉山處士

隱德不仕在養予幼喜讀書年十六許父之蠱而遂廢
學馬性結客常乘肥衣輕馳逐於少年之場故達官時
貴靡不交識然不墜於家聲三十而棄所習復讀舊書
日與文人儒士為詩酒友又頗鑒古玩好年踰四十田
業悉付子婿於舊第之西偏壘石為小山築艸堂於其
址左右亭館若干所傍植雜花木以梧竹相映帶總名
之為玉山佳處詩有玉山倡和等集行於世不學干祿
欲謝塵事投老於林泉而未能果先是浙東帥府以戕

毋辭爲會稽儒學教諭趣官者至則趨而避之至正九年江浙省以海寓不寧又辟貳崑山事辭不獲已乃以姪良佐氏任馬又五年水軍都府以布衣起佐治軍務受知董侯摶霄時侯以江浙參政除水軍副都萬户閫府於婁上又一年都萬户納麟哈剌公復俾督守西關繼委審賑民饑公嘉予有方即舉知是州事朝廷使者銜宣見迫且欲入粟汎舟鈞於吳淞江丙申歲兵入州堂奉母挈累寓吳興之商溪母喪於斯會葬者以萬計

是歲函骨歸瘞於縉墩故隴當時交相薦舉乃祝髮廬墓閱大藏經以報母恩復鑿土營壽藏於山之陽環植叢桂扁曰金粟自題春帖云三生已悟身如寄一死須教子便埋蓋人傳前身是慧聚寺比丘延福入夢中知向一世為黄冠師姚興孫者是也金粟道人由是而名道人娶王氏生男元臣宣授武畧將軍水軍寧海所正千户令陞水軍都府副都萬户未任生女妙福贅陸琦次子元禮今授正千户總鄉民守本土元貴習舉子業

未冠某在幼一人女二人皆庶孫男二人孫女四人予嘗慕趙岐丫身後事且命其子刻石墓前皆生而達者吁當今兵革四起白骨成丘家無餘糧野有餓殍雖欲保首領以歿未知天定如何耳今年四十有九且有鵩鳥入室恐傾逝倉卒中則泯滅無聞且欲戒後之子孫以𦍑衣桐帽欙鞋布襪纏裹入金粟塚中慎勿加飾金寶致為身累故先自志并為之銘曰大生之有歸猶會之有離譬彼朝露日出則晞予生也忝生弗光予死也

於予何傷眷言茲宅永矣其藏大元至正戊戌五月廿九日顧阿瑛自製并書汝陽袁華篆額

故王子厚墓志銘

子厚諱世滀姓王氏蘇州崑山人大父珪父忠義母魏氏子厚生平孝友以親老試吏為州書佐遇事簡直遭時多故念吏不堪為夙夜感歎遂以洪武元年四月乙丑自沈娄江而死春秋四十有八娶金氏子男二人曰謙曰復女二人壻曰歸德曰全濟男女四人其父以五

月丙申藏其骨於馬鞍山之東岡嗚呼悲夫銘曰嗟嗟子厚離世氛兮發憤捐生從靈均兮返骨山岡償夙歡兮陵谷變遷尚永安兮范陽盧熊撰

元故處士陳君墓志銘

至正十三年癸巳歲五月十一日崑山處士陳仁甫卒明年七月某日葬於古唐北一里岡身之原先是其子允謙以永嘉黄凱狀來乞銘處士諱仁壽字仁甫初姓陸氏陳無子以處士為後陳始居馬鞍山之陽其地曰

東城頭宋末因兵譜牒散亡其先世皆不可攷延祐閒
州遷婁江處士以州遷地氣消散乃以擇地新州北鹽
鐵塘東居焉父諱亨有才諝沈晦不肯仕處士和易損
抑圭鋭刓盡未嘗使氣忤物或暴逆相加則談笑解之
鄉里稱其長者且素儉制錙累銖積乃至饒給暑寒裘
葛雖至敝裂不肯厭棄至於施予則無少留吝飲食適
口即止不求甘肥室廬卑隘或勸其易以閎巨處士曰
第免旁風上雨斯亦足矣苟或過侈將何以為子孫法

耶然四時接親好待賓客為美酒嘉肴必極豐備見富
人多田往往桀驁虐農而過倍取入至其子若孫有不
能保者皆是也常戒諸子曰吾幸有薄田可給衣食苟
倍自益亦止自損耳令其諸子皆賢守遺訓也世壽六
十有二配王氏生子四人曰允謙允讓允恭允敬允謙
娶王氏生子三人長曰睿次智次孝孫女一人允讓娶
岳氏生一子曰聰女三人允恭娶余氏生子一人曰聖
安女三人允敬進敬義副尉平江等處水軍萬户都府

百户佩銀符娶王氏生子三人曰明次德安女一人處士獨以為善稱於鄉使其人之為不善者聞之亦可以少媿矣雖其享年不及獨其子孫衆盛若此將必有顯大其家者尚謂天道之不可信耶銘曰麟也有定獍也為羣黑由白分釐以繳分爰視其家亦既孔敦彼由揞厚我寔用勤維彼昏人愚何可云謂天實高弗亐聽聞顧獨斯人厥嗣如雲其報曷已川流日臻閱千百祀永徵斯文

章母墓志銘

章母諱妙觀吳郡張氏之女也其家乘亡逸世系不可攷母生而了慧父母愛之過於丈夫子當行為選佳婿婦於崑山章處士天祐處士沉厚果毅才可用於世獨不肯仕初家未甚裕自母歸克相於內由是日以豐大處士欲為一善母必勸之果往往捐餘賑乏惠及疏戚甚衆故其鄉稱處士之善者必及章母焉母性慈厚至御下婢亦嘗貸以色雖甚忤意罵詈之聲不出口子使

就學常戒其母嬉笑今子麟讀書甚賢人稱處士善教亦必及於母今其鄉之為人婦與母者取章母為法焉至正十三年歲癸巳八月六日己丑以疾卒明年四月十有七日己酉葬於州西惡安鄉致和塘北先塋之左處士先母四年卒至是始同葬焉世壽七十有七生子一人即麟是也娶張氏名淑貞庶女一人曰德慧適同州朱德賢孫三嫡長曰禧次庶聖保佛住麟嘗從余嘉鄭東遊拜且泣曰麟葬母有日願先生有以銘銘曰爰

有家家孔贏相夫子宏厥聲訓子麟竟有成用刻銘詒
於後昭茲往式視章母

故處士東孝先生盧君墓志銘

先生諱觀字彦建其先龍興武寧人五世祖来平江遂
占籍吳縣曾祖諱仁仲字和父祖諱銘字明叔工詞賦
鄉舉待補進士考諱有常字元吉以隱約終妣吕氏先
生少刻志於學嘗受業於鄉先生湯公彌昌錢公重鼎
之門既卒業客游江淮間名卿鉅人有欲舉先生出仕

者力辭之隱居教授接人勿以貴賤異或加以非禮先生恬然不與校曲直遇人喪葬患難雖力不能贍亦必為之盡心經畫其事親溫清滫瀡不以貧故或少闕莫年抱羸疾猶手不釋卷吟哦諷誦咀嚌道真益勉飭子孫以讀書修行會母卒先生不能行喪禮痛慕悲號病日增劇遂以至正二十二年冬十月庚辰卒得年六十五歲取同郡王氏子男二人曰熊曰熙女照適清河傅斟孫男二人彭祖充賴孫女一人曰織熊痛念先生生

不能力學以厚養歿不能顯光幽潜請於門人弟子私謚曰夷孝先生即先生歿後之十有八日葬於長洲縣武丘鄉先塋之左其友人陳留申屠衡為之銘其詞曰是為夷孝先生之宅依其先壠之側惟詩書世澤亘百世而弗忒者噫彭城錢逵篆蓋

元故遷善先生郭君墓志銘

先生諱翼字羲仲世崑山右族考友諒為大賈獨善教子妣陸氏先生自少入鄉校从衛培學培故宋參政涇

諸孫博學篤行亟稱先生頴悟深加器重先生既壯益肆力於學沈潛百家尤邃於易年四十閉門授徒嘗署其受業之室曰遷善曰以識吾過也鄉人亦為名校南之梁曰遷善曰是吾郭君之所居也先生為文詞必追古作者諷誦思繹雖一字不茍且也其於一時文人少所許予獨稱永嘉李君孝光及天台丁公復所為詩李公亦謂先生之詩佳處與人不同調會稽楊公維楨每以其言為避先生與俗寡合有力者多不肯薦引竟以

訓導老於學官由是家益窮守益堅攻苦食淡讀書自若也嘗自號東郭生又自稱曰野翁所著文集曰林外野言凡若干卷病且革知州高昌偰侯率州人士治其葬事以至正二十四年七月廿三日卒年六十以是月某日窆於馬鞍山北之中峯因題曰遷善先生郭君之墓妻胡氏長子夔皆先卒次子疇女婿汪思齊陸奐孫男長壽嗚呼先生之生也連蹇不諧於時其殁也貧無以為塟亦可哀已先生嘗為熊曰吾死汝為銘銘曰嗚

呼有爲而不遂於施而卒至於斯吁其可悲吁其可悲

范陽盧熊撰并書吳郡王時篆蓋

元故靖處先生顧君墓志銘

先生姓顧氏諱權字伯衡世居徽之婺源其父達御始入吳因占籍崑山取婦生子爲崑山人初達御與雲峯胡先生同里閈心敬慕之朝有子當使爲士及先生既生見其凝重岐嶷益自喜鋭意教督之先生稍長能觀父之志敏力學業不以祁寒盛暑有少輟既壯博習羣

書尤究心於易以教授里中子弟多从之遊時人莫不善其父之能教也先生為人不事矜飾喜哦詩酒常頹然自放然其交際恭遜久益謹蓋未始忤也中歳刻意為文章有古作者矩度雖一字小疵不為茍且其志亦欲以是少見於世者遭時喪亂竟窮無所就以死年不滿五十無子昆弟族人為立後嗚呼天乎先生乃命之如此悲夫先生取呂氏生子輙夭死買妾得一女尚幼其卒以至正廿四年九月丁亥其葬以十一月丙寅其

墓在馬鞍山之北麓其葬事知州偰侯斯教授蔡君基之所具也葬有期日其故舊門人咸痛其有德無後相與私謚之曰靖夷先生而奎與為銘也銘曰善不必有後仁不必有壽彼夢夢兮誰則能究言甚文兮行甚懋烏乎先生兮在我其奚咎

故朱徵士墓志銘

徵士諱玉字君璧姓朱氏先世自江西來吳今為崑山人祖巳上譜逸考諱玄妣秦氏徵士幼頴異生十二年

遭外艱能厲志樹立既長喜繪事聞佳山水每翛然獨
往數十里不以為難永嘉王振鵬在仁皇朝以界畫稱
旨拜官顯榮徵士從之游盡其伎王君亟稱許之至順
庚午中奉中宫教金圖藏經佛像引首以進方不盈矩
備極其狀而意度横生不束於繩墨人言王君蓋不之
過云至正十有五年清寧殿成勑畫史圖其壁吳興趙
雍以徵士輩二人聞使使召之家道阻弗果上徵士亦
既老矣偃蹇一室以圖史自娱楊維楨先生所為記虹

月樓也徵士行內修平居言貌循循薄於利欲身且老猶精謹如壯者廿五年十一月十一日卒春秋七十有三取諸氏又取支氏子男二人長曰佐賢其幼務德蚤亡女一人適許氏孫男三曰暈嵩旻孫女一曾孫男一曰寧孫女一明年月日葬其州卜山之西原予聞界畫家王士元郭忠恕為首冠佪偕高下一守矩度而王君視筆為人曲折層疊自如度越古人矣徵士得其傳是可銘也銘曰名藝之成太平之澤貽爾子孫尚引弗替

華亭殷奎撰武寧盧熊書

故處士傅君墓志銘

處士諱翼字仲翔平江崑山人父榮母王氏處士少孤苦既壯業吏事猶不免貧窶其為生甚艱然其志不以是而亟貨利也有一子則使為儒者其所以教飭之甚力曰士而貧何有於賈之富也今其子學成遂為儒家處士素直義見人善為之喜躍如在已見為非者衆督過之而不為背憎貸人財度不能償即毀券弗少吝遇

親友餙詞矯貌簡如也春秋六十有一至正廿六年丙午歲十月八日卒取周氏再娶劉氏張氏皆先卒子男料長女嫁沈源次女嫁陸厚皆周出也孫男杠梠孫女杼軸以其月十五日葬其柩馬鞍山陰之中峰處士嘗手寫孔孟四褒遺令內壙中銘曰艱於生弗徇世志不渝其子以學去吏而儒今既償其志又將焉求華亭殷奎撰武寧盧熊書并篆蓋

盧府君妻王夫人墓志銘

夫人諱蕙字靚之平江崑山人祖諱國器父諱慶詢母
范氏慶詢子女五人而夫人最長得早承家教誦詩識
字縫紉亨飪皆精善年廿三為同郡盧府君諱覯之妻
禮頌端肅不妄言笑不輕出屏幃甚為姑嫜所重府君
孝友能貧夫人相之惟謹其訓子女弗加笞責而悉能
有成待妾御未嘗訶叱鄉閭稱頌為楷法府君老且病
夫人經年不解帶府君歿後其子熊以禄仕迎養郡中
既而平江被兵夫人居圍城中憂悸成疾嬰城之日熊

被創甚例遣上道幼子熙自崑山來奉夫人歸里合闔法不出婦人仍主於滕君德進滕婦方視夫人如尊嫂親為調護吳元年冬十月夫人疾革日在辛酉遂卒年六十三貧無以為歛滕君復命諸子經紀其事親故亦多往賻者熙始得葬夫人柩於長洲縣武丘鄉去閶門五里初府君之葬熊為夫人豫作壽藏兵後他塚悉發而府君墓獨無恙至是竟合祔焉豈先德之厚陰有以相之抑夫人平昔為善之報固如是耶熊博學有才譽

熙亦好修篤行女照嫁士人傳斠孫男三人孫女二人熊既乞銘於曹氏以奎嘗教授府君有契家之誼復俾爲序云其銘曰有子而仕繫親之喜曷養之弗終覆養以死孰衛其藏弗毀於兵今祔於此尚慰而子華亭殷奎製序譙郡曹高銘豐城余詮書彭城錢逵篆額

孫君墓志銘

君諱元吉字吉卿姓孫氏其族本出富春平江崑山人譜牒散落不可考次祖諱凱父諱淵妣賀氏君少爲吏

雅有幹局持心平恕不肯屈法市恩至於排難解紛誼所當為即奮然不顧利害年四十便棄去歲計田租所入祭祀衣食之餘日置酒以待賓客遇賢者至即聽其講論文義令子孫列侍覘其進益間有博奕絲竹之娱方術藝能之士招與欵洽亦不屑也晚年築室城南水上署曰瓢窩角巾野服逍遥林下人稱為瓢窩道人别號吶翁重罹變故憂憤形於顔色俯仰徬徨若無所容於世尋自刎死年六十有二洪武元年戊申歲正月晦

日也配邵氏有子三人長曰文德次圭次基孫男五人某某其月日文德等葬君於馬鞍山陰之原君於予為先輩君死時予羈客江寧聞問為之痛悼及還里中文德以狀乞銘其壙予既為志其詞曰霧霾蒙傾兮風猋慭之太行險巇兮荆榛莽之待斯人之獨閔兮慘煩悁其誰語需耿耿之不寐兮辰咄咄之無語冒溫蠖吾弗能兮孰臭惡之能處與其醜焉偷生兮茫茫絕吭而逝兮孰遺塵乎西山之餓傖已矣乎衆貪婪以苟活兮予

獨抗志而莫奪憤世以陋俗兮殺身以殉潔以死為樂兮謂生可壓豈所欲之有在兮孰云蒙難而非達烏乎哀哉作善罹凶兮不究於年是曰遭命兮非子之愆縱細人之倖兮吾子之安重泉有知兮慰以斯文吁嗟千載兮視此石存

故劉府君妻盧氏墓志銘

吳郡盧熊祖妣呂氏之卒葬於崑山縣西北馬鞍山後初熊之姑名柔正者寔彭城劉府君諱珍之妻也府君

有子輙夭年望五十而殁兩女皆已嫁為士人妻姑年始四十復撫其孤女三人依熊之父居焉其後熊父為擇周英徐玄為壻英養於家英妻卒復以季女歸之姑歲時往來哭熊之父焉哭熊之母焉而姑亦老矣洪武建元戊申熊自江寧奔母喪還未期而姑遂卒焉烏乎其可悲也矣劉府君葬吳縣高景山今既不克祔葬遂奉其柩葬於吕氏墓次今年庚戌始勒石為志而俾熊書之熊之曾祖鑑宋平江府待補進士祖有常隱居不

仕其先龍興武寧人也銘曰盧女劉婦字幼貞家世儒者耀厥聲弦琴誦詩壼範成相夫祀事致潔清孝慈婉順播德馨嫠居廿載艱成生撫育外孫惠均平世壽六十有四齡居維作噩届朱明下從慈母歸真真中峰之藏維永寧

故俞府君墓志銘

崑山俞府君以洪武三年月十有七日卒年七十其月二十五日葬於縣城南積善鄉先塋之次其諸孤致詞

友人盧熊曰先君葬有日敢請銘按狀君諱謙字謙甫早有志操既長能樹立習法律為吏性剛直臨事奮身不顧利害人有善取為己師不善疾之如仇面折人過失不少貸其奉親事兄一以孝敬濟窮恤孤意亦周至衆由此稱之年望五十即退休於家曰吾衣食粗給尚伏臘之計不遺以悅吾親斯人子之志矣矧敢妄求耶遂卜室南闉外屏絶人事以產業畀諸子人益賢之會有詔君幼子嘗隸軍籍牽連者十餘人悉送兵部君亟

走訴中書咸得釋以歸未幾君又以事至京師遽病寒
急返比至家三日而殁君之先蓋杭之臨安人父洪為
平江路驛史始家崑山今為昆山君娶陳氏子四人思
敬思聰思義思誠孫男二人鑑鏞女四人初君未有子
熊先祖玄吉父謂之曰君孝慈方直立心不欺天將畀
之多男子矣今諸子皆賢孫息蕃茂天之報施善人豈
不信夫銘曰志皦皦兮烈秋霜譽洋洋兮著鄉邦有子
孫兮而熾昌猗作善兮有餘慶尚不朽兮視銘章范陽

盧熊撰

周府君墓志

府君諱允升字吉卿姓周氏其先常州晉陵人七世祖世德宋南渡時始遷平江之崑山居焉曾祖天驥娶盛氏祖津娶袁氏治詞賦端平元年嘉熙四年鄉試兩舉待補進士性介直好施與貧者資以粥藥棺櫝作輿梁浚井渠悉無所吝嘗刲股救父疾或以義責之曰父母遺體豈宜毀傷然因所予者還以奉之詎為過邪竟以

高壽終父大任元建德路壽昌縣儒學教諭自號好山居士居士先娶葉氏生男二女一再娶陳氏生府君及三男一女府君家世為儒而以醫術名於鄉邑能謹飭勤儉不妄交遊兢兢守業不墜以疾卒於洪武三年七月十七日年六十三子一人曰英女為孫元亨妻先卒孫男二人女二周氏世有墓祠曰奉思菴在縣西大虞浦上祔於宋紹興中至是府君亦祔焉府君之妻王氏余從母也故為志云范陽盧熊造并書

故閑邪居士揚君墓志銘

君諱誠字敬方姓揚氏其先中州人父諱榮自揚州來東吳與民數於崑山母馬氏以延祐三年八月十日生君君生裁數歲喪父嶷然能自挺拔不與常兒羣甫弱冠以養親為州書佐為人狷介寡合不肎伍餘子下視之既而曰吏果不堪為也輙弃去築室婁城之南躬事田業為隱居計聚經史羣書種竹灌蔬將老焉而州縣知君方敦迫君為曹吏俾治田賦既集事即謝歸里舍

一旦逮君京獄竟以洪武四年六月廿六日死於應天
府江寧縣治年五十六其子綸權厝君子聚寶門外之
笪家山其年冬十有二月甲辰歸藏崑山惠安鄉曲水
之西君娶鄒氏又娶陸氏子男三人長曰經次曰綸約
女四人長適周素次錢杙次錢寀次許嫁毛程君居家
整飭肅然有嚴君槩度君讀書惟獵取大義不事汎求
晩年尤好二程朱子書手之不忍釋以及軒岐孫吳學
皆能造其閫域自號閑邪居士既葬經謁奎為銘奎聞

居士死哀其為善而得禍言之未始不泣下今其請又奚忍辭故為之序范陽盧熊銘之詞曰於乎楊君才猷之楙兮胡迫於州縣亮直之槩兮胡困於罪譴匪我求兮期自衍嗟何尤兮罹此變於乎楊君知命之達兮抑又何怨長平殷奎著文范陽盧熊書齊郡張紳篆蓋

周伯延墓志銘

故周君諱英字伯延之墓在太虞浦東若干步伯延之先由常州晉陵徙平江之崑山曾祖津來端平中舉於鄉

試詞賦兩為侍補進士能以孝義聞於鄉祖大任元建德路壽昌儒學教諭父允升謹恪守先業二世以醫名家而伯延之學益閎博深奥人多敬慕之洪武六年癸丑以醫局事繫府院夏六月初三日竟以疾卒明年甲寅春二月祔馬伯延之生以元至順元年庚午九月二十日得年四十有四兩娶劉氏各有一男一女男曰晃曰安定女曰某曰某其葬也晃衰絰拜哭以祖母王之命俾其内弟盧熊為銘詞曰猗若人業孔茂行修飭資

篤厚囹獄吏非其咎竟不禄命所取捐孩兒哭慈母月
丁卯日癸丑大墓旁葬北首潛德存昌厥後述銘文庶
不朽

故張公墓志銘

張爲吳望族居崑山者由唐禮部尚書後嗣顯其孫鑑
相崇陵並載史傳宋末暨元蕭墅之張益蕃衍公諱伯
英字伯雄一諱伯庸世居蕭墅曾祖考諱甚元初率民
歸附即軍前授把總祖考諱振祖隱德弗耀父名傑前

水軍府千户妣吴氏公美風姿有器識慷慨尚節義宗
姻鄉黨有空乏之者周之閭閈有罹非辜者直之有喪不
舉及流寓不能歸者賻之賮之由是里中翕然稱為長
者然不樂仕進至正丙申薦辟多故遯迹田里務農積
穀以盡仰事俯育之道乃延師教子相與講明經史又
能以人生年月日時枝幹生冲推測休咎嘗謂其宗人
曰歲在癸丑吾其殆乎果以洪武六年六月二十有三
日以疾卒於應天府之上元縣孫子倫函骨以歸八年

乙卯九月四日辛酉葬於崑山縣沺川鄉蕭墅西原先塋之左公生於天歷己巳正月三日配蔣氏克勤於內公賴焉子四長曰僖娶羅氏次即倫定婚於吳曰偉曰侶女一人淑貞皆幼公始弱冠即以幹蠱聞田廬有加於昔建倉鳳陽府一出私帑務以周人利物為心宜膺壽考噫天之不可必者而遽止於斯也悲夫遂系之以銘銘曰德積厚惠施博厥報乃食若播之不獲卒殞於容不殞者存再世而振錫祚繩繩袁華撰幷書篆額

楊子經墓志銘

崑山楊氏之子曰經字子經少從予授小學讀書頴銳異於常兒其父自號閑邪居士剛嚴可憚家庭之間進退有度一言一動不敢苟且率畧鄉里皆期其有成年二十餘便罹家艱能與其弟持門戶有司推擇為鄉里長以督責兩稅竟以罪死京師年二十有五寔洪武七年八月某日也及其喪還弟綸歸葬於先塋之側嗚呼哀哉楊氏裔出弘農子經之先居楊州江都祖榮始為

崑山人父諱誠尚氣豪邁即居士也予經以至正十年庚寅六月廿四日生洪武十年丁巳三月某日葬適母鄒氏生母陸氏妻繆氏女一人曰娃娘烏乎予把交居士數十年其出處進退不蹈於流俗而父子相繼以死豈厄於世運而致然歟將稟命修短一繫於天歟蓋不可得而知也因系之以銘其詞曰幼學壯行志不獲騁風霜激烈摧彼朝槿歸來故鄉靈或未泯勒銘幽泉有涕斯隕范陽盧熊譔

錢瑞妻章氏墓志銘

處士錢伯祥甫之妻章氏德禎祖諱敬父諱俊母胡氏德禎生延祐五年戊午四月二日年十有六歸於錢氏崑山在宋多故家衣纓文獻為諸邑冠若開封之鄭濮陽之張陳留之阮高平之郁皆是也錢本出郁氏房族甚繁德禎既廟見能以禮自防舅姑妯娌宗族鄉鄰咸稱其賢惠奉祭祀饋賓客必以身先之洪武七年甲寅七月二十日以疾卒年五十七有子輯清修好交孫男

嘉安懿以是年十二月十五日葬於縣治之西南郁氏先塋之東北詞曰猗錢嫂壼職修相宗事承世休娄之江崑之丘勒兹文識諸幽范陽盧熊譔

名蹟録卷四

名蹟録卷五

明 朱珪 編

雜刻

快哉亭帖

軾頓首昨日快哉亭與數客飲至醉才歸辱簡不逮即答為愧春生雪未計尊體起居佳勝新詩甚清刻病酒不敢率易趂韻幸少寛限否因書見過如何如何不一

軾再拜忠王提刑執事

拜石壇記

瓛素有石癖凡過廢園壞宅見奇峰怪石輒徘徊顧戀不忍捨去或百計求之不得者必圖寫其形似標諸艸堂之壁間以為請供後至元戊寅四月下澣訪竺僧巖叟於東城之菴菴即故宋周太尉宅斷垣之外燕麥中有假山在焉遂披蓁納棘褰衣而登其上羅立諸峰已為好事者挽載而去獨有一石似辟而失其左股卧於

高梧之下有老坡題識觴詠之語易之以粟歸而立之中庭左腋右帶無非松竹芭蕉枇杷之屬多有書帶艸且石之挺挺拔拔如老坡獨立於山林丘壑間愈見其孤標雅致也瑛加之拂拭永為子孫珍玩明年奎章閣鑒書博士丹丘柯敬仲下訪見而奇之再拜題名而去丹丘詞翰鑒博有元之元章也於是砌石為壇字曰拜石後三月而御史白野達兼善來觀嘉柯之逸遂為作古篆拜石二字於壇又隸寒翠以美其所此石之名由

是愈重然皆未知所紀之詳至正乙未之冬周履道秀才自梁鴻山携贈老坡手帖讀之乃是答忠玉提刑快哉亭飲後者上有賈秋壑私印其詞與此石甚肖嘗記大全集中有次王忠玉游虎丘詩有連日與王忠玉諸公游西湖次韻詩有次劉景文答馬忠玉詩蓋當時有兩忠玉焉然莫知其孰是及攷宋史元祐四年坡為翰林學士兼知禮部以論事積當軸者恨故請外拜學士龍圖閣知杭州以避朝謗也瑛想老坡風流曠邁行千里

間有名山勝水豈不與友朋醉酒賦詩以佐其意又弦諸雜録忠玉乃王規夫姪孫先坡在維揚後坡渡江老坡答其詩有及君未渡江過我勤秉燭之句是則書所寄者王忠玉無疑也然後知石乃維揚故物帖則王忠玉家寳也吁石之在山不知其幾千萬年因坡之題鑒而出山者又不知其幾百年帖之壽又非石比兵殘火燹輾轉流落人手者亦不知其幾百年今一旦二美併來抑神物有所會合耶吾玉山有所際遇耶又思丹丘

白野不二十年皆仙去坡仙有靈豈不能於風清月白之夜挾二公同逍遥於此壇乎瑛亦豈不能摘古玩酹一尊於此壇乎不因此石其能永傳敬書此記俾伯盛朱茂才刋於他石使後之覽者知石與帖并拜石之壇有所自來云至正丙申正月五日金粟道人顧阿瑛書於玉山艸堂

奇石銘

厥色斯蒼厥質斯剛元氣胚渾陰陽五藏有截髙華倬

彼太行勿伏為虎勿起為羊說法點頭扣之庚庚大蘇
之誌海嶽之狂異世同符拜為石兄永千萬年鎮茲玉
岡河南陸仁製

題拜石壇詩

眉山三蘇宋儒宗長公矯矯人中龍南遷儋耳西赤壁
文章光燄超洪濛快哉之亭雪初霽領客登覽山川雄
自云平生不解飲胡乃一舉觥船空和詩覓限見真率
鑿厓題石摩蒼穹功名富貴一丘土斷碑殘素傳無窮

吁嗟神物神所衛玉山合璧俄相逢奎章博士丹丘翁
江南放逐驚秋風見之即下米芾拜二顛癡絕將無同
築壇山中加愛護樹以松桂連椅桐雨窓雲戸積寒翠
朝闌墓檻開青紅白野御史龍頭客青年獻賦蓬萊宮
戲將秃穎寫螭匾新釵折股星流虹只今烽塵暗河岳
王侯第宅皆蒿蓬牙籤玉軸映竹素好事獨傳吳顧雄
婁東朱珪鐵作畫字字玉屈蟠蚪蟲嗟哉昔人今已矣
慘淡故國風烟中如何二子復嗜古策勲墨妙收奇功

我來拜石重太息蒼蒼古雪吹長松登壇絶叫浮大白
酒酣目送飛孤鴻汝陽衰華
好事久傷無米顛清泉白石亦淒然快哉亭下拔仙友
拜到丹丘三百年拜石壇主顧阿瑛製

金粟道人小像贊

謂其有意於榮進惟詠歌彈琴誦古人之書謂其濶略
於世故與能擴先世之業昌大其門閭逍遥戶庭名聞
京都忽自逐於塵氛之外駕扁舟於五湖性印朗月身

同太虛非欲會玄覺於一致而貫通於儒者耶倪瓚造

戊戌八月法喜精舍北楼

儒衣僧帽道人鞋天下青山骨可埋若說向時豪俠處

五陵鞍馬洛陽街顧阿瑛自題

爽溪楼詩

殿閣連雲接爽溪鐘聲遠與鼓聲齊長安若問江南事

報道風光在水西右唐宣宗避地所作周伯琦為僧克

新書

戒石銘

爾俸爾禄民膏民脂下民易虐上天難欺黃山谷書崑山州知州史文彬重立

天蓬贊

粤始天造孰形以隆範形一定天協於公維形匪形萬有不同帝所之聖其魁曰蓬作帝良能賦此異躬部以丁甲雷聽風從扶豎忠順剔除妖凶闢翕陽陰和合雨風斗應喉舌彗伏梧衡丹霏夾日紫氛流龍祝鼉弟子

受法靈宮畀汝心汝印其圖感不通太上弟子張天雨

發香藏宮弟子楊維楨造吳睿書

竇諫議陰德録跋

竇諫議種德之厚既身享富壽而又獲五子俱顯之報由是觀之天道福善其可誣乎文正范公悉録其事蓋為天下後世勸也今刻斯文以廣其傳使人人得覽而興起為善之心亦世教之一助也元統二年歳次甲戌春華陽思義識太原王時書濮陽吳睿篆額

梅谿

梅谿者沈長卿自號也長卿因宦游自越而吴僑居甚久不遠數百里致書於予以其自號者求予為之説予本譾林既老承乏詞林年侵學落無能為役納禄而退五載於兹諸公貴人莫不上體朝廷閔其衰耄放令還山之意未嘗横加虐使邇輕薄小子偽為予文者所在有之俗筆無知但喜其獻諛取媚而甘受其欺罔長卿不察遂疑予尚未焚筆研猥以此見驅役予年垂八袠

氣息奄奄安能效三五少年東塗西抹為人作春妍乎雖然長卿之來意則已勤不可以不答也昔永嘉王公龜齡自號梅谿王公狀元及第歷侍御史至太子詹事為時名臣其文章事業海內之士無不欽袵心服先儒朱子尤敬仰焉所撰梅溪集序稱其光明正大踈暢洞達求之古人惟丞相諸葛武侯工部杜先生尚書顏文忠公侍郎韓文公參知政事范文正公五君子可以為之比其高風盛烈逮今二百年猶凛凛也長卿翺翔於

仕途見其進未見其止俟他日至王公地位然後掛冠而歸從容領畧梅谿之上攬幽芳挹清流詠水部之詩誦廣平之賦而和以武夷之棹歌彼士大夫嘖嘖誇詡曰彼亦一梅谿此亦一梅谿王公不得專美於前矣奚必太早計而求予之説為王謝爭墩古今佳話有為者亦若是長卿勉之予之説止於此長卿或以為然則姑附於卷末幸勿謂予前言戲之耳至正甲午八月朔旦

金粟山樵者黄溍撰封禺山樵吳睿書

寔際川禪師影堂逸事

余觀永懷重修記所謂行人道川者王峰狄氏子始為縣之弓役聞東齋謙首座為道俗演法遂從之習坐因上元郎官欲空其獄張燈縱市人遊玩以罪因繫於狄家狄謂囚曰汝曹欲入市觀燈乎囚喜狄悉縱之囚竟逃去明日聞於官尉怒笞之狄於杖下大悟去依永懷剪髮為頭陀未幾主僧遣之至江淛市木建諸天閣木商閩市木何為曰建法堂諸天閣商扣之玉峰有狄押

獄今在否狄笑曰我是也商羅拜之曰公我輩恩人也
蓋衆商昔日羣囚也商曰我當以建閣材木報公之德
一日送至公歸勿言至朗狄出視寺河左右皆巨木也
閣由是而成始者建閣之意中為井闌諸天環繞其上
下安寶華王座為住持者升堂說法以表諸天之空中
拱聽也閣成狄復依謙於東齋謙為改名曰道川且曰
汝舊呼狄三今名道川川即三也此去能豎起脊梁了
辦個事其道如川之增若放倒依舊狄三矣川銘於心

建炎初道川游方至天封參蹣菴成禪師機鋒投合菴印可之復因東齋道俗欽敬有以金剛般若經請問者川為頌之今盛行於世隆興間殿撰鄭公喬年漕淮西適無為軍治父虛席命川開法一香為蹣菴供冬至上堂云羣陰剥盡一陽生艸木園林盡發萌惟有衲僧無底盋依前盛飲又盛羮川號寔際加泰普燈録載師為僧出世因緣不載永懷建閣之事而建閣一段佳話予聞之於覺齋王真人非妄傳也予参合普燈與王真人

所傳以為川禪師影堂逸事若入記中詞繁文夥只叙為逸事則不失禪師建閣之功德也今岳雲望禪師一新梵宇豈非川禪師之再來也望乃靈隱普覺獨孤禪師之子予之猶子也至正九年己丑仲秋前玉山松月道人正印書時年八十有二

秘閣銘

秘閣銘右軍書大舜琴一腕之力汝所任盧熊篆

簫銘

戲翠蛟於渤澥吹紫鳳於崆峒起一緒之要妙宣八風於神宮東維叟製王時篆

鏡銘

資爾融明合禮頌美與厲惟其公毋物以蔽無垢以蒙嗟爾之用唯有終鄭東造眘書篆

拄杖銘

九節杖得之婁江之上其日巳未癸丑仲夏員丘岌業兮雲南在下噫我與爾俱變化倪瓚造盧熊篆

名蹟録卷五

欽定四庫全書

名蹟録卷六

附録

贈言

贈朱伯盛詩序

士不用於當世必有託焉而隱者雖一藝之微一事之畀皆不恥為之故往往有託於農圃巫醫商賈羣工之中蓋惟求其可以自晦而已又庸計其高畀可否而後

處其地哉吳郡朱珪居婁江之旁無他嗜好獨喜周籀秦斯篆畫之古取石鼓嶧碑之文習之既久而盡悟其法因善為人刻印賢士大夫多就珪求刻焉珪之言曰吾聞位高者身危祿富者憂大名盛者毀隨彼有自始壯而仕至髮落齒脫而不知止及其遭疑忌而廢斥黜刑辟而戮辱於是時也則雖深咎極悔已無及之矣今吾耑吾意於篆畫唯求其無部分之失旁從之謬而無戾夫古人制作之義吾過亦寡矣若珪蓋有託焉而隱

者歟永嘉李孝光吳郡張雨作詩以貽之珪不絕於當世賢者則其為人又可知已故予系之以序至正十四年四月昆陽鄭東書

知君用意出雕虫自較明窗小篆工爭鑄方銅刻私印姓名僅了百年中

舞鳳蟠螭追遠古雕鏤纖妙入秋豪佩身可比玉剛卯贈汝愧無金錯刀

予刻印如刻秋濤轉摺變化手縱操蠕扁神凝李斯篆

眉縈妙悟庖丁刀漢章舊制蟠龜鈕魏武新書虎豹韜
太史周南縱留滯劒文仍欲洗金膏
煒煌金石刻鬱崛蛟螭文猶遺姓名在蕭然秦漢分寶
王道幾息瑰奇散如雲朱翁葉古藝千古揚清芬魚蟲
與鳥跡把玩多繽紛
門前索印索如逋一搨西山對酒壺池看科斗春波活
樹養珊瑚雪影扶縱有黨碑名冐附只躭奇字手親摹
幽居莕裏時相見清比詩人骨更臞

神斧磨天割紫雲仙葩孕玉發奇芬靈書寶訣開剛卯
不數人間小篆文
畫刻輸君總色絲前身想是伏靈芝虎頭食肉元無相
鑄鈕休傳左顧龜
我家金粟道人章瓦欵蟠螭識未央千古典型今復見
佩之何必獸頭囊
鏤玉鍍金與錯銀盡將工巧失天真君能獨掃雕虫伎
定品當年合入神

伯盛朱隱君予西郊艸堂之高鄰也性狐潔不倿於世工刻畫及通字説故與交者皆文人韻士予偶得未央故瓦頭古泥中伯盛爲刻金粟道人私印因驚其篆文與製作甚似漢印頃又以趙松雪白描桃花馬圖鉤勒於石精妙絶世深合松雪筆法惜其不得從游於松雪之門使茾紹之專美於今世因題四絶於卷末以美之伯盛勿以予言爲譽後必有鑒事者公論也至正十七年中秋日書於玉山艸堂金粟道

人顧阿瑛書

朱生心似鐵篆勢藝彌精應手多盤折纖豪不重輕公
麼形獨辨蟠屈勢初呈漢印規模得秦碑出入明風流
金石在潤色簡書并餘刃庖丁解風斤郢匠成達觀應
自我賞鑒足平生趣刻無多許因君託姓名陳世昌
白首耽書更不忘鵠文虫篆爛生光高人為賦峩冠石
太史曾題琢玉坊野屐踏雲閒訪竹春簾迎霧靜焚香
別來又泛松陵櫂渺渺輕鷗江水長盧熊

少林心印元無文刻彫無乃傷其真太朴未分親見得伯盛妙手何超倫千里頭邊不一印猛虎挿翼龍奮迅疾䫲過風正令行不妨堪作如來㑹釋清欲

西祖傳心不以文伯盛用之心更真印空印水印泥也左旋右轉世絶倫鐵牛之機即此印石火電光何足迅得之於乎應於心聚螢讀書笑車㑹釋智寛

方寸鐵錢逢篆

方寸鐵志

吳門朱珪氏師濮陽吳獻大小二篆習既久盡悟石鼓
嶧碑之法因專為人刻印過茅山張外史外史錫之名
方寸鐵持以過錢塘訪予於吳山次舍求一言白其所
謂方寸鐵者予笑曰予方以鐵石心取垂於世而子又
欲垂我之乖乎雖然古之豪傑修己治人者必自方寸
鐵始黃金白璧可磨此鐵不可磨也予以是鐵印諸金
玉銀鋼犀象使佩之者皆無媿於是鐵外史氏心印之
教行矣豈直無悖於篆畫無戾夫古制也哉令一妄男

子釋蹻起閭巷取封侯印如斗大只尺書驅役帶甲百十萬如金翅鶵逐百鳥無一敢後者金印之權重矣哉吾不知果能為天子剪狂寇佐中興為生民開太平無愧於汝鐵不則徒以苟富貴不至腐屍滅名不已使得珪方寸鐵印斷可以蒙金斗而壽榮名矣珪或為今將軍刻符印其亦以是告之至正十九年秋七月八日李黼牓同甲進士令奉訓大夫江西等處儒學提舉楊維楨志

方寸鐵銘

婁東朱珪字伯盛工古籀篆文其於六書之義攷之尤詳嘗以餘力刻印章則為中吳絶藝閒游錢唐遇句曲外史張雨名之曰方寸鐵蓋以喻其能堅其志操期以進乎道亦若桑國僑志於鐵硯之鐵云雖然科斗書廢已久必以篆籀為師法漢隸而下不在論能復其古其庶幾朱君乎朱君與予相游從知其志操之日堅今年予來玉山中聆朱君之書法益有進是猶張旭悟公孫

大娘之舞劒器也見其刻玉石如切泥則又若漆園自誇庖丁解牛而得肎綮也張得於舞劒庖丁得於解牛吾知朱君得於書而悟外史方寸鐵之旨矣遂述其事而為之銘銘曰聖人作人文開龍馬出榮圖來神農氏尚結繩民勿犯俗龎淳史蒼頡肇有制譬孳乳乃曰字越夏商歷周秦科斗廢籀篆臻漢而晉書變作唐風媮政日惡曰逮今邈寥寥事刻畫昆吾刀鍾鼎隳石鼓頹心太古婁朱珪至正庚子夏四月廿又六日河南陸仁

造
天地為爐陰陽為炭鑄方寸鐵非抑下鍛剛不可屈堅
不可磨侯剛侯堅利用寔多仝欲以之剞食月垂璟以
執謙剛過於崇惟善用者為衡為權稱物平施錙銖勿
偏嗟爾有此獨藏於家以發之硯攺而為筆摛詞琬琰
百鍊其工剔去魚魯斯文有功彼寸鐵兮入孰無之欲
偉其器緊鑪與錘寧小為錐勿大為錯凡百君子勿由
外鑠昆陵謝應芳

方寸鐵頌

緊方寸鐵烧昆吾刀游刀發硎妙契縱操六書奥旨探賾搨勞史籀秦斯作則孔昭翔鸞翥鳳騰龍騫蛟爲印爲章奎壁麗霄文苑藝林世頼崇褒我頌匪私永言不佻至元庚子八月十八日淮海秦約造

詩

朱君手持方寸鐵撫印能工漢篆文并剪分江龍噴月昆刀切玉鳳窺雲他年金馬頻承詔此日雕虫試策勲

老我八分方漫寫詩成亦足張吾軍至正辛丑八月朔
平湖艸堂中寫隴右邾經上
蒼頡製書觀鳥蹟白日能令鬼神泣何如朱生手中一
寸鐵文章刻遍山頭石山石可移心不移生精此藝將
奚為生言平生苦心力過客摩挲那得知擬將此鐵獻
天子為國大刻磨崖碑為國大刻磨崖碑廬陵張昱
人心何危患多岐方寸之鐵貴自持百鍊耿耿明秋暉
彼彔繞指惟詭隨朱盛明勁真吳兒法書鐵畫過李斯

晴牕握管儼若思學成變法出愈奇鐵耕代筆猶神錐
用之切玉如切泥孤忠不媿月食詩清便更賦梅花詞
元祐黨碑我所非驢鳴犬吠吾所嗤雕虫小技用兒嬉
屠龍妙割嗟奚為盛乎盛乎知不知北南車馬得得來
大書深刻磨崖碑至正二十年庚子歲夏六月初吉天
台氏元鼎造
袖裏昆吾一寸鐵江南碑碣萬家文玉符金印雲臺將
大篆煩君為勒勲雲間陸居仁

十年兵興徧天下石山大火羅浮野野火燒盡秦漢碑
咸陽冢哭無人打故人吳睿葉篆隸好古乃有如珪者
妙刻金栗道人章尤工白描挑花馬金印徒聞如斗大
零落當時建章瓦君不見黄鶴仙伏靈芝北海久長高
聲價武夷山樵者錢惟善題於海嘯軒

靜寄軒詩三首

靜寄軒中無垢氛研皆滋墨氣如雲匣藏數鈕秦朝印
白玉蟠螭小篆文

獨行應如魯獨居心同栁下孰云迂從教隣女衣沾濕
試問高人安穩居
身似梅花樹下僧茶烟輕颺髩鬅鬙神清又似孤山鶴
瘦骨伶仃絕愛憎

朱伯盛甫小像贊

游乎古六藝之林業刻符而工摹印善學魯獨居之男子身不娶而能忍貧飲流瀣而為漿友寂寞而與鄰瘦骨昂藏老鶴精神善追踪西塞山前之漁寄迹桃花源

上之民者歟辛亥十二月倪瓚書
矐然如昨秋風野鶴老矣於今孤雲遠岑軌有道之躅
不娶終身何身之卓求古人之心不刻黨碑何執之深
吁此其所以傲兀乎變化吁此其所以膏肓乎山林華
亭殷奎製

印文集考序

摹印之法六書之一也徵諸史傳其制作之大略可睹
已自唐以來人不師古私印往往繆戾至於近世極矣

大德中魯郡吾子行父因六書之學略舉其要而人稍稍趨正先生與承旨趙公又各集為印譜可謂信而有徵也鄉人朱珪篤志於古嘗從錢塘吳睿師授書法凡三代以來金石刻詞靡不極意規倣暇日又取宋王順伯并吾趙二家印譜旁搜博取纂為凡例并吳睿等所書印文及自製私印附焉名曰印文集考間以示予予謂私印之作固書學之一事為士大夫者罕習知之而況上窮蒼史神明之奥以通造化之源者哉宋宣和間

嘗修博古圖至於鏡鑑泉貨之久亦頗著録然猶未采印文也至王球嘯堂集古録始有之近世曹南吳忠淳刻學古編僅存古印數十而莆田鄭熀又集印文七十餘鈕摸刻傳之名曰漢印式所譔序略無所依據繆爲廣博之詞而失其要領又自以所制附後舛繆尤甚其稱唐張彦遠宋李伯時王子弁近時吾子行失其本又不知何説也大槩前人志於存古所輯不能無醇疵其多者既不能廣傳而簡略者又無以考信千載之下又

孰能辨某印為漢魏某印為晉唐而當時作者豈盡出於蔡中郎李少溫之流乎苟非識見之博考訂之審使王石錯雜涇渭混淆如鄭煜之繆者亦何益哉今朱君所著黜其背戾存其簡約集為成書誠篤志古學而有益於當今然蒐輯有年適值兵革頗有散佚識者恨焉今所存若干篇釐為一卷貽諸好事俾予序首珪字伯盛清淡寡慾五十不娶翛然有出塵之志永嘉李季和清河張伯雨會稽楊廉夫昆陽鄭季明咸所嘉尚云至

正廿五年乙巳秋八月朔吳郡盧熊書

印文集考跋

今世士大夫名印謂之圖書即古人私印其制吾竹房三十五舉言之甚詳然未有關世道處如漢人以五字為例豈無所例乎國初制度未定往往皆循宋金舊法至于太德間館閣諸公名印皆以趙子昂為法所用諸印皆陽文皆以小篆填郭巧拙相稱其大小繁簡儼然自成本朝制度不與漢唐金宋相同天歷至順猶守此

法斯時天下文明士子皆相傚傚詩文書簡四方一律可見同文氣象甲申乙酉間予在太朴危先生家始得江右吳主一所鑄印文曰危氏太朴曰臨江危氏用於文字之間皆是陰文不用陽欵名曰漢文印章有不合此法者謂之不知漢法不二十年天下不謀而同皆用漢印矣甚至搜訪漢人舊印如關内侯軍司馬部曲將印別部司馬冦軍司馬等印用於自己名字之間以為美觀以為博古殊不知以今人而為漢人居今官而佩

漢印不祥爲甚且陰文屬兵象漢舊印又皆用武之印尤爲可怪數年之後天下紛紛多事朝廷用武文士皆出總戎被介冑縣將軍印綬不復優游文事矣右附廣東觀餘論押瓦部所論朱伯盛好考古篆籀之學與同郡錢巽之父子及陸友仁吳孟思盧功武講論甚博尤善倣古名刻及士大夫勒名金石儼然三代制作氣象予爲之言此使知其勢雖若緩而可以觀世道之變云門遺叜張紳

館閣諸公無不喜用名印雖艸廬吳公所尚質朴亦所不免惟揭文安公絶不用其制吾竹房論著甚詳然其所用却又不合作趙文敏有一印文曰水精宫道人在京與李息齋表子方同坐適用此印表曰水精宫道人政對瑪瑙寺行者閤座絶倒蓋息齋居慶壽也鮮于郎中一印曰鮮于伯幾印吾子行曰可對尉遲敬德鞭滑稽大約相同子行嘗作一小印曰好嬉子蓋吳中方言一日魏國夫人作馬圖傳至子行處子行為題詩後倒

用此印觀者曰先生倒用了印子行曰不妨坐客莫曉他曰文敏見之罵曰箇瞎子他道倒好嬉子自太平盛時文人滑稽如此情懷可見今不可得矣予座主張先生仲舉在杭一印曰平皋鶴慶叟蓋用杭州三山名臨平皋亭黃鶴也古人亦有如此奇者如雲烟過眼録載姜白石印文曰鷹揚周郊鳳儀虞廷蓋以其姓氏作隱語辛稼軒印曰六十一上人又以破其姓文米元章書史言劉注印曰劉巨濟符符字亦好奇耳雲門山樵張

紳書朱伯盛印譜後

字原表目跋

右朱珪所摹吳孟思篆書字原暨說文表目也孟思嘗為胡膺寫說文解字一部既成且謂託熊分註其下今書藏吳氏然猶缺其注字未完珪愛其篆法摹此五百四十字求予小楷補綴其間因為改正譌誤珪嗜古好學予於古今印文序言之詳矣兹得以略武寧盧熊記

字原音訓跋

吳郡朱伯盛讐校字原音訓授其甥孫延年講習之求

予繕寫成帙其意倣郭忠恕石本凡例蓋忠恕用少溫

所修而伯盛一依說文定本其用心亦厚矣後之覽者

毋以淺近而忽之南昌盧熊說

題朱伯盛所藏吳孟思書三體心經

褚河南書心經石刻所傳今亦罕得予嘗一見可謂倡

人者喜況親睹翰墨迹耶孟思以鍾鼎篆隸三體書心

經嚴勁清潤有商周秦漢之遺法吳朱珪氏工篆字故

孟思寫此以贈珪當為入石傳諸後世詎不以河南視之也烏乎珪氏為吾寶之河東張翥書於武林史局

世間精妙之物見者莫不撫玩嗟賞何者其立心不苟則其勢久而必精物之精者擬諸造化夫孰能少之乎此卷備三體而各臻其妙非與一世周旋於法度之中不能及也吾鄉自褚河南後能書之士鮮克擅名今得吳睿篆隸自當出色前有張叔厚白描觀世音像併為二妙宜珍襲之得其卷者婁江朱伯盛氏至正辛丑重

陽後一日錢塘陳世昌書於禾興水西寺之寓舍與溪
樓

右濮陽吳睿孟思所書三體心經一卷梵義弘深間不容喙所可議者古文款識見之三代鐘鼎大篆見之周石鼓秦權斤度量漢隸最廣惟蔡中郎石經深可師法後世宗尚不一務奇成怪變雅為俗無復古先意玉溪翁好游其家故多秦漢石刻用力既久色色精詣自吾竹房趙松雪虞道園以下便為第一手昆山朱珪隱於

方寸鐵蓋亦黄鶴仙伏靈芝之傳也寶藏此卷不以輕示人宜及其目力勒諸堅珉以傳好事亦盛德者之用心也金粟道人尚克相於成焉隴右郑經拜手謹書

摩訶般若波羅密多者梵語也此翻大智慧到彼岸心也者即一切含生本有靈覺之性也迷之則永沉凡下悟之則遽為聖賢觀自在菩薩者即能行此而悟明之人也以是而度一切苦厄者即到彼岸之時也此經流通末世書寫受持若家諭而户曉求如吳孟思之筆端

三昧則不可得矣後世閱是卷者或能因公之書而能了悟此心如睡夢覺如蓮花開朗然凡聖悟迷之表則孟思之書不虛設矣至正廿一年二月十五日南堂沙門清欲拜題

予友朱君伯盛精守法悟空相故濮陽吳孟思為書三體心經以贈前有淮海張叔厚白描觀世音象引首久欲題識而覲其人適與予同訪了翁菴禪老伯盛出此卷一見而了菴言下意會即拈筆一一重為揩出信當

世之三絶也伯威又欲予證明予以久交不能固辭強於心上加一轉語製成二偈云

斬釘截鐵畫虛空三體分明一體同讀得正中無一事蓮花開在海當中

當心一畫到如今畫畫皆心不可尋盡説朱珪精守法看他那畫上求心金粟道人顧阿瑛焚香爲説書以爲識

五蘊皆空空亦空悟迷雖異此心同當知自在能規照

不落尋常影象中
點開心畫古如今未點之先作麼尋拈起筆端小三昧
方明無相本來心奉次金粟道人韻再題南堂遺老清
欲
昆山黃應龍嗜古好學所畜奇書異傳并一時典故
與予同所好也去冬寓崐僧寺一月與應龍日相接
論因借此名蹟錄一編歲久蠹簡不敢託諸人遂手
錄之連序目五十三紙成化二十二年歲次丙午三

月廿一日小樓記吳郡朱存理性文

名蹟録卷六

總校官候補知府臣葉佩蓀
校對官學錄臣翁樹棠
謄錄監生臣魏廷勳

圖書在版編目（CIP）數據

名迹録 / (明) 朱珪撰. — 北京：中國書店，
2018.8
ISBN 978-7-5149-2054-3

Ⅰ. ①名… Ⅱ. ①朱… Ⅲ. ①名勝古迹 – 介紹 – 南昌
Ⅳ. ①K928.7

中國版本圖書館CIP數據核字(2018)第080085號

四庫全書·目録類

名迹録

作者 明·朱珪 編
出版發行 中國書店
地址 北京市西城區琉璃廠東街一一五號
郵編 一〇〇〇五〇
印刷 山東汶上新華印刷有限公司
開本 730毫米×1130毫米 1/16
印張 15.75
版次 二〇一八年八月第一版第一次印刷
書號 ISBN 978-7-5149-2054-3
定價 五六 元